감정
글쓰기

감정 글쓰기

이지안 지음

임상심리전문가가 알려주는
치유와 성장의 글쓰기 6단계

질문하며 나를 발견하고
글을 쓰며 앞으로 나아가는 시간

앤의
서재

프롤로그

글을 써보기를 권합니다

오늘 하루도 시간은 무심히 흐르지만, 그 사이사이 우리 마음은 자주 오르락내리락합니다. 뚜렷이 이유를 알지 못하겠는데 무언가가 마음속 한편에 턱 걸려있는 듯 느껴질 때가 있어요. 그 느낌은 마주하고 싶지 않죠. 대부분 후회되거나 속상하거나 화가 나는 것 같은, 들여다보기 싫은 마음입니다.

기분이 상하면 자기도 모르게 감정을 눌러버리기 쉽습니다. 힘든 감정은 떠올리기만 해도 가슴이 쿵쾅거리고 불쾌해지니까요. 감정을 밀어낼수록 우리 삶은 산만해져 버립니다. 혼자 가만히 있는 시간이 견디기 어려워 괜히 유튜브를 열어 흘러가는 영상에 시간을 맡기거나 SNS 타임라인에 넋을 놓아버리기도 합니다. 하기 싫은 숙제처럼 미뤄둔 불편한 감정과 마주하고 싶지 않기 때문입니다.

S는 퇴근 후 마트에 갔다가 하필 자기가 고른 카트가 삐걱대며 잘 굴러가지 않자 짜증이 일었습니다. 실은 그때만 기분이 상

한 건 아니었습니다. 오후에도 길을 걷다 누군가와 어깨를 부딪혔을 때, 간발의 차이로 버스를 놓쳤을 때에도 심하게 불쾌해졌고 나중에는 눈물까지 핑 돌기도 했습니다.

S는 잠들기 전 책상 앞에 앉아 자신의 감정이 어째서 외발자전거를 탄 것처럼 휘청거렸던 걸까 탐색해 보기 시작했습니다. 강렬한 감정에는 그럴만한 이유가 늘 있는 법이니까요. '분명 오전까지만 해도 비교적 평온했던 걸 보면 낮에 무언가 일이 있었는데, 그게 무얼까.' 물음을 잇던 중 딱 걸리는 사건이 떠올랐습니다. 회사 부서원들과 점심을 먹는 자리에서 상사가 S와 동료를 은근히 비교하는 이야기를 했는데, 그다지 노골적이지는 않아서 농담으로 생각하고 넘어간 일이었습니다.

하지만 여태껏 S의 마음을 휘두르고 있는 걸 보면 그냥 넘어갈 일은 아니었던 게 분명해 보였습니다. 마음은 이 사건이 S에게 중요한 의미가 있다고 계속 말해주고 있었습니다. 들여다보고 해결해 달라는 외침이었어요. 그 목소리를 외면할수록 마음속에서 긴장감이 커지고 별일 아닌 일에도 예민해지면서 마음이 출렁이고 있었습니다.

속상한 일에 감정적으로 과도하게 몰두하는 것도 스트레스 상황에 제대로 대처하지 못하게 만들지만, 무슨 일이 생겼는데 아무렇지 않은 척 지내는 것 또한 우리를 소진시켜 버립니다. 감정을 억제하면 자율 신경계 각성이 높아져 생리적 심리적 에너지가 소모되고, 면역체계에도 영향을 미쳐 쉽게 피로를 느끼고 질병에도 취약해집니다.[1] 게다가 생각하지 않으려고 밀어낼수록 오히려 생각은 힘껏 누른 용수철처럼 더 자주, 더 강하게 떠올라 마음을 흔들어대고 맙니다.

　이럴 때 마음속에서 분투하고 있는 감정을 꺼내는 방법은 말을 하거나 글을 쓰는 것입니다. 누군가가 내 감정 상태를 진득이 들어줄 수 있는 상황이 아니라면, 글을 쓰는 것도 훌륭한 대안입니다. 실은 글을 쓰는 게 말을 하는 것보다 더 좋을 때가 있습니다. 청자의 기대나 마음 상태를 고려하지 않아도 되기 때문입니다. 상대의 기분을 배려하느라 내 마음을 에둘러 표현하지 않아도 되고, 말을 한 뒤에도 상대의 평가에 신경 쓰지 않아도 됩니다.
　상담을 할 때면 아무에게도 하지 못했던 이야기를 여기에서는 나도 모르게 털어놓게 된다는 분들을 봅니다. 나의 어떠한 마음도 받아들여질 수 있다는 믿음이 생기면 숨기고 싶던 감정이나 케케묵은 기억까지도 떠오르곤 합니다. 내 이야기가 평가받거나 오해받지 않는 안전한 상황에서 무의식에 가라앉아 있던 갈등이 의식화되고, 그때부터 그 감정과 숨겨진 욕구를 다룰 수 있게 됩니다. 치료가 시작되는 순간입니다.

백지는 그런 의미에서 훌륭한 청자입니다. 백지는 아무런 의견도 의도도 없는 무구한 상대여서, 내가 어떤 말을 해도 비난하거나 왜곡해서 듣지 않고, 있는 그대로 받아줍니다. 그 앞에서 나는 타인의 기대나 반응을 두려워하지 않고 솔직한 마음을 꺼내어 놓을 수 있습니다.

　　일단 글로 내보낸 마음은 선명해집니다. 실체를 알 수 없을 때는 답답하기만 하던 마음이 구체적인 언어로 형상화되는 순간, 퍼즐이 맞춰지기 시작합니다. 마음속에 둥둥 떠다니던 추상적인 관념이 언어를 통해 의식화되기 때문입니다. S의 막연한 불쾌감이 '상사에 대한 서운함과 분노', '상사에게 인정받지 못한 아쉬움'과 같은 명확한 감정으로 정리될 때, S는 자신이 무엇을 잃었고 무엇이 필요한지 분명히 볼 수 있었습니다. 글쓰기라는 마음의 렌즈를 닦아내는 과정을 통해 모호한 긴장감이 줄어들고 감정을 다룰 수 있게 된 것입니다.

　　그래서인지 글을 쓴 후 정서적 고통이 감소하고, 삶의 전반적인 만족감이 커진다는 연구가 많이 쌓이고 있습니다. 연구자들은 감정에 대한 글쓰기를 꾸준히 해온 사람들은 우울이나 불안감, 분노, 번아웃, 외상후 스트레스 장애 증상이 나아진다고 거듭 이야기합니다.[2]

　　글쓰기는 의외로 신체적 건강에도 도움이 됩니다. 글쓰기의 효과를 과학적인 방식으로 가장 먼저 검증한 연구자는 제임스 페니베이커James W. Pennebaker였습니다. 그는 고통스러웠던 경험과 감정에 대해 글을 쓴 그룹과 피상적인 주제로 글을 쓴 그룹을 비교했습니다. 4일간의 글쓰기 실험이 끝나고 몇 달 후에 추적한 결과, 자신의 고통과 감정을 글로 쓴 학생들은 피상적인 주제에 대해 글을 쓴 사람보다 감기와 같은 사유로 병원에 간 확률이 43%나 적었습니다.[3]

그 후로도 천식과 같은 만성질환, 암과 같은 중증 환자들도 피로감이나 통증이 줄고 질병과 관련된 여러 수치가 개선된다는 연구가 이어지고 있습니다. 아직 그 작용 메커니즘은 충분히 밝혀지지 않았지만, 글쓰기의 치료적 효과는 여러 연구를 통해 입증되고 있습니다. 글쓰기 자체가 상담 치료를 대체할 수는 없으나, 적어도 심리적 긴장을 다루고 스스로를 이해하는 보조적인 도구로는 분명 도움이 됩니다.

어찌 보면 글쓰기는 자기를 돌보는 사람이라는 새로운 정체성이 생기는 여정입니다. 손등이 트거나 상처가 나면 보습제를 바르고 밴드를 붙여주듯, 해지고 구겨진 우리 마음도 글쓰기로 들여다보고 다림질해 줄 수 있습니다.

글을 어디서부터 어떻게 써야 할지 막막한 분들을 위해 이

책을 쓰게 되었습니다. 기존 연구자들이 제안한 방법에, 제가 상담을 하거나 워크숍을 진행하면서 실제로 도움이 되었던 방식으로 조금씩 다듬어보았습니다. 1부는 감정 글쓰기를 처음 시작한 분들을 위한 실질적인 가이드를, 2부는 감정 글쓰기에서 나아가 자아와 가치를 발견하는 도구로 글쓰기를 확장하고 싶은 분들을 위한 내용을 담았습니다. 차근차근 따라가실 수 있도록 제 글뿐 아니라 워크숍 참가자분들의 글도 일부 각색하여 예시로 실었습니다.

백지라는 언제든 들을 준비가 되어있는 무해한 상대에게, 일단 첫 마디를 털어놓아 보세요. 그 뒤에는 글을 쓰는 손에 맡기시고요. 소설가 데이비드 로렌스D. H. Lawrence가 말했듯, 글 속에 우리의 아픔을 벗어놓고 조금이라도 가벼워지시길 바랍니다.

차례

프롤로그. · 4

1부. 감정 글쓰기 하나
내 마음을 알아차리고 돌보고 싶을 때, 감정일기

감정일기, 쓰기 전에 알아야 할 것들 · 19
아끼는 타인을 대하듯 마음을 살펴보세요. | 나만의 안전존을 만드세요.
일단 뛰어드세요.

감정일기 1단계. 상황을 촬영하듯 기록하기 · 26
먼저 상황에서 출발해 보세요. | 어떤 이야기를 써야 할까?
시나리오 작가처럼 적어보세요. | 촬영하듯 기록하세요.

감정일기 2단계. 감정에 이름 붙이기 · 39
감정이라는 메신저에 귀 기울이세요. | 감정과 감정이 아닌 것을 구분하세요.
가장 가까운 감정 단어를 선택하세요. | 감정을 명명하면, 달라집니다.
✧ 부정적 감정을 마주하기 힘들 때 · 49
✧ 참고하면 좋은 감정 목록 1, 2 · 54

감정일기 3단계. 감정과 분리하여, 생각 기록하기 • 58

사실과 해석을 분리하세요. | 판단을 덜어내세요. | 특히 당위를 조심하세요.
괄호로 묶어버리세요.

❖ 생각에 따져 묻기 • 71

감정일기 4단계. 욕구 찾아보기 • 76

감정은 욕구에서 비롯됩니다. | 진짜 욕구 vs. 욕구로 착각하는 것들.
욕구에 머물러보세요.

❖ 욕구를 관찰하면 얻게 되는 것들 • 89
❖ 한국비폭력대화센터의 '욕구 목록' • 96

감정일기 5단계. 행동과 결과 기록하기 • 98

주도적 삶은 선택과 결과를 평가하는 데서 시작됩니다.
반응 패턴을 관찰해 보세요. | 나의 선택을 살펴보세요.

❖ 이런 분께, 감정일기를 권합니다 1. 나도 내 마음을 잘 모르겠을 때 • 107
❖ 이런 분께, 감정일기를 권합니다 2. 감정이 자주 격해진다면 • 112

감정일기 6단계. 감정일기로 '진짜 나'를 발견하는 법 • 116

감정일기를 돌아보면 너가 보입니다.

❖ 글을 쓰면 알게 되는 것들 • 126

극심한 스트레스로 지쳐있다면, 감사일기 & 걱정일기 • 130

되는 일이 하나도 없는 것만 같을 때는 감사일기를 써보세요.
걱정이 꼬리에 꼬리를 물 때는 걱정일기를 써보세요.

2부. 감정 글쓰기 둘
'진짜 나'를 발견하고 앞으로 나아가고 싶을 때, 의식의 흐름대로 글쓰기

내가 어떤 사람인지 알고 싶을 때_ 가치를 발견하는 글쓰기 • 148

묘비명을 써보세요. | 10년 후의 나의 모습을 그려보세요.
오늘 하루 나의 모습을 떠올려보세요.

과거와 화해하고 싶을 때_ 상처를 돌보는 기억 글쓰기 • 160

과거의 한 장면을 떠올려보세요.
떠오르는 장면에서 기억나는 것을 모두 적어보세요. | 기억을 수선해 봅니다.

나도 나를 이해할 수 없을 때 1_ 의식의 흐름대로 글쓰기, 제대로 알기 • 177

끝까지 의심해야 진짜 나를 만날 수 있습니다.
쓰다 보면 오래전 일이 떠오르기도 합니다.
답을 찾았다고 생각했을 때, 한 번 더 의심해 봅니다. | 뻔한 단어는 고쳐보세요.

문득 떠오른 생각에 주목하세요. | 쓰다 보면 이해할 만한 사람이 됩니다.

나도 나를 이해할 수 없을 때 2_ 의식의 흐름대로 글쓰기, 적용하기 • 188
떠오르는 대로 자유롭게 써 내려가세요.
가능한 한 빠른 속도로, 멈추지 말고 계속 쓰세요.
무엇보다도, 완전히 진실하게 써보세요. | 지금 이 순간에 집중해 보세요.
너그러운 누군가에게 말하듯 써보세요. | 인터뷰하듯 쓰세요.
시작했다면, 계속 써보세요.

나에게 화가 나서 참을 수 없을 때_
숨겨진 진짜 욕구를 찾아주는 자책일기 • 207
한심스럽고 바보 같았던 순간을 기록해 보세요.
당시 떠올랐던 생각을 같이 적어보세요. | 핵심신념을 알면, 욕구도 보입니다.
욕구를 알아주는 말을 들려주세요.
❖ 유난히 화가 나는 일은 좋은 글감입니다 • 222

있는 그대로의 나를 보듬고 싶을 때_ 자기자비 글쓰기 • 227
나에게도 자비가 필요합니다. | 고통스러운 감정을 인정해 주세요.

미주. • 238

1부.

감정
글쓰기
하나.

내 마음을
알아차리고
돌보고 싶을 때,
감정일기

Intro

　감정일기는 평소에 쓰는 일기와 어떤 점이 다를까요. 우리는 일반적인 일기에서도 하루 동안의 중요한 사건이나 감정을 기록합니다. 하지만 일기를 쓰고 난 후, 오히려 감정이 더 격해지거나 상황이 더욱 절망적으로 느껴질 때가 있습니다. 자신을 바라보는 틀은 그대로 둔 채 상황이나 감정에만 몰두해 글을 쓰기 때문입니다. 그렇게 되면 현실은 감정에 따라 더욱 왜곡되고, 자신의 진짜 욕구나 생각을 끝내 알아차리지 못하기도 합니다.

　예를 들어, 평소 부정적인 감정을 회피하는 사람은 상황을 억지로 긍정적으로 해석하면서 자신의 감정을 미화하는 글을 쓰기도 합니다. 어떤 사람은 늘 '더 열심히 하자'라는 결론으로 끝맺으면서, 지금 지쳐있다거나 불안하다는 사실은 보지 않으려 합니다. 회사 상사의 태도나 처우에 대한 불만을 가득 써놓고, 그 이면에 인정받고 싶은 욕구가 있다는 것을 알아차리지 못하기도 합니다. 결국 자신을 제대로 들여다보지 못하고, 오래된 감정과 생각의 틀 안에 머물게 됩니다.

감정 글쓰기와 일기의 가장 큰 차이점은 내 마음을 관찰자의 시선에서 볼 수 있다는 점입니다. 점묘화를 가까이서 보면 색색의 점들로만 보이지만, 한 걸음 물러서면 전체 윤곽을 볼 수 있듯이, 감정 글쓰기를 통해 우리는 마음의 흐름을 전체적으로 조망하고 더 정확히 이해할 수 있게 됩니다. 이를 '메타인지'라고도 부릅니다.

우리를 한 걸음 떨어져 바라보게 해주는 글쓰기가 필요합니다. 글쓰기를 통해 내가 겪은 상황, 감정, 생각을 객관적으로 들여다보고 그 감정을 만든 욕구를 이해할 수 있다면, 감정에 휘둘리지 않고 나 자신을 더 온전히 받아들일 수 있게 됩니다. 그리고 바로 그 지점에서 변화가 시작됩니다.

이 장에서는 우리 마음을 있는 그대로 바라볼 수 있는 틀을 소개하려 합니다. 인지행동치료 Cognitive Behavioral Therapy(생각의 패턴을 알아차리고 바꿔서 행동의 변화를 유도하는 심리치료기법)에서 활용되는 방법이기도 합니다. 엉킨 실타래처럼 복잡한 마음을 감정, 생각, 욕구라는 색깔별 실로 하나씩 풀어내 보는 것입니다. 그리고 그대로 관찰합니다. 이를 통해 우리는 감정을 가라앉히고, 잘 이해되지 않았던 행동의 이유를 발견할 수 있습니다.

처음부터 모든 과정을 한꺼번에 하려 하면, 복잡하고 어렵게 느껴질 수 있습니다. 단계적으로 나누어 가볍게 시작하는 것도 좋은 방법입니다. 예를 들어, 첫 주는 단지 '사건'을 관찰하듯 기록해 보고, 둘째 주에는 사건과 함께 떠오른 '감정'을 찾아보고, 셋째 주에는 그 감정을 만들어낸 '욕구'까지 함께 들여다보는 식으로, 조금씩 범위를 넓혀가며 연습해 보세요.

어느 정도 상황 묘사나 감정, 생각, 욕구를 찾는 데 익숙해졌다면, 행동과 결과까지 기록해 보거나, 생각을 재평가해 보거나, 욕구를 집중적으로 살펴보는 과정을 시도해 보셔도 좋습니다. 이런 글쓰기를 통해 자신에 대해 보다 더 깊이 이해할 수 있습니다.

처음부터 감정이나 생각, 욕구를 분명히 알아차리는 건 누구에게나 쉽지 않은 일입니다. 물론 보다 정확한 단어로 마음 상태를 명명할 수 있다면 좋겠지만, 그렇지 못했더라도 괜찮습니다. 우리가 이 글쓰기를 통해 하려는 것은 정답을 맞히는 일이 아니라, 내 마음에 더 가까운 단어를 찾아보려는 과정 그 자체임을 기억하세요. 이 시간을 통해 우리는 내 마음을 돌보고, 헤아리며, 감정에 휩쓸리지 않고 한 발 떨어져 바라보는 연습을 하게 됩니다. 곧 나를 관찰하는 메타인지를 갖게 되는 셈입니다.

감정
일기,

쓰
기
전
에

알아야 할
것들

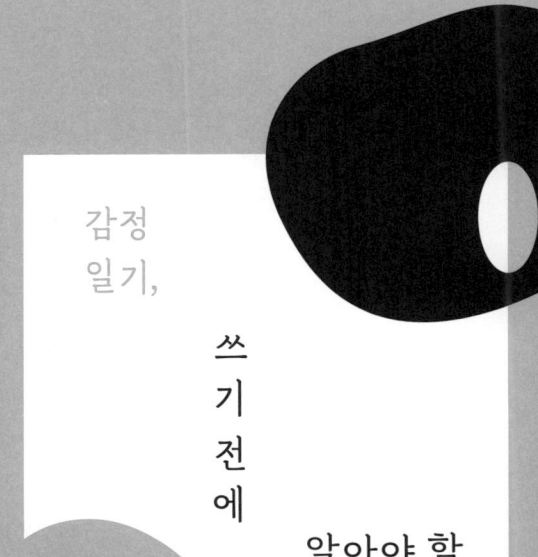

> 아끼는 타인을 대하듯
> 마음을 살펴보세요.

일기를 쓸 때, 특히 실수나 실패, 후회로 고통스러운 일을 써야 할 때, 마음의 모드를 살짝 바꿔보면 좋겠습니다. 뇌는 평소 우리 감정과 생각을 평가하는 데 익숙합니다. 무언가 부족했거나 틀리진 않았는지 점검하고, 다음에는 그런 잘못을 저지르지 않도록 경고합니다. 우리가 더 큰 잘못이나 실수를 하지 않도록 대비시키는 것이 중요하기 때문입니다.

오늘 있었던 일을 기록할 때에도 우리는 쉽게 '평가 모드'에 빠지고 맙니다. 내가 잘못했던 일, 부족했던 일이 먼저 눈에 들어오고, 스스로가 한심하게 느껴지기도 합니다. 그 모습을 보고 싶지 않아 일기장을 덮어버릴 때도 있습니다. 하지만 일기를 쓸 때만큼은 평가 모드 대신 '자비' 모드였으면 좋겠습니다. 특히 후회할 만한 일을 저질러 고통스러울수록요. 그런 나에게도 친절한 태도를 가질 수 있습니다.

자기자비는 가장 아끼는 타인에게 하듯 자신을 대하는 것입니다. 친구가 어두운 표정으로 오늘 아주 힘든 일이 있었다고 털어놓는다면 나는 어떻게 할까요? 곧바로 자세를 고쳐 앉아 친구의 안색을 들여다보며 "무슨 일이야?"라고 물을 것입니다. 그런 자세로 내게 귀를 기울이는 것, 그것이 자신에게 친절한 태도입니다.

고통받는 자신에게 친절해진다는 것은 적극적으로 스스로에게 '가용한^{available}' 상태가 된다는 의미입니다. 우리는 가까운 친구가 "도와줄 수 있는 상황이야?"라고 물어오면, 가능하다^{available}는 답변을 하곤 합니다. 하지만 누군가에게 도움을 줄 때, 다른 일을 하면서 'available'해질 수는 없습니다. 정서적으로 가용한 상태는 그냥 잠시 눈길을 주고 마는 것이 아니라, 하던 일을 딱 멈추고 산만하게 흩어진 마음을 모아서 그 곁에 머무르는 것입니다.

하루는 저녁밥을 짓고 있었는데 현관문이 벌컥 열리면서 아이가 뛰어들어 왔어요. 아이는 밖에서 놀다가 친구와 다퉜다며 잔뜩 화가 난 표정으로 씩씩거렸습니다. 국은 끓어오르고 꺼내 놓은 얼음은 녹고 있었지만, 잠시 앞치마를 벗고 눈물이 그렁그렁해진 아이의 눈을 똑바로 바라봐 주었습니다. 잠시 동안이라도 아이가 마음껏 하소연하고 기댈 수 있는 존재가 되어주기로 하는 것, '가용한' 상태가 되는 순간이지요. 자신에게도 정서적으로 가용한 태도로 곁에 머물러줄 수 있습니다. 수치심, 후회, 불안으로 고통스러울 때, 고통받는 자신을 온전히 마주하고 그 곁에 서주는 것입니다. 일기장을 열고, 떠올리기 싫은 아픈 감정을 들여다보고, 용감하게 기록하기로 하는 것, 모두 나에게 가용한 상태가 되어주는, 친절을 베푸는 순간입니다.

기록을 시작했다는 것은 이미 나에게 친절을 베풀기로 결심했다는 것과 같습니다. 길을 잃은 강아지를 바라보는 눈빛으로, 고통에 빠진 친구를 대하는 심정으로 자신의 오늘 하루를, 어지러운 마음을 바라봐 줄 수 있으면 좋겠습니다.

나만의 안전존을 만드세요.

마음이 상하거나 괴로웠던 일을 쓰다 보면 더 고통스러워질 때가 있습니다. 너무 힘들다면 중단하시기를 권합니다. 특히 오래된 깊은 상처는 전문가의 도움을 받아 살펴보셔야 합니다. 글을 쓰다 힘들 때는 '안전존'으로 돌아오세요. 안전존은 내가 안전하고 편안하게 느끼는 공간입니다. 이러한 나만의 '안전존'을 마련해 봅니다.

우선 원을 크게 그려보세요. 평소 나에게 안전한 느낌을 주었던 생각, 오감, 신체 감각, 움직임 같은 것을 떠올려보고, 그 원 안에 기록해 봅니다. 기지개를 켜거나 두 손으로 얼굴을 감싸거나 양손을 가슴 위에 올려놓는 것과 같은 몸동작일 수도 있고, 어깨를 토닥여 주거나 따뜻한 담요를 두를 때 느껴지는 신체 감각일 수도 있습니다. 안정감이 느껴지는 풍경이나 음악, 사람도 나열해 봅니다. '이러한 마음도 괜찮아', '지금 이 감정에는 그럴만한 이유가 있을 거야', '지금 나에게 무엇이 필요할까', '나 자신에게 친절해지기를', '나를 용서하는 마음'과 같은 힘이 되는 문구도 좋습니다. 평소 어떤 동작이나 사람, 공간, 메시지 덕분에 위로와 지지를 느꼈다면 이를 기록해 둡니다. 언제라도 글을 쓰다가 마음이 힘이 들 때 이 안전존을 펼치고 잠시 머무르세요.

글을 쓰기 전에 나만의 안전존에 먼저 머물러볼 수도 있습니다. 시작을 위한 의식인 셈입니다. 글을 쓰는 특정한 공간을 정해두었다면, 그곳으로 찾아갑니다. 마음이 편해지는 음악을 틀어놓거나 좋아하는 향을 피워놓을 수도 있습니다. 잠깐 안전존 안에 기록한 문구를 되뇌어 보거나, 심호흡이나 스트레칭을 하면서 신체 감각을 느껴볼 수도 있습니다. 무겁고 두려운 감정을 들여다보는 마음이 조금은 더 가벼워질 거예요. 감정일기를 시작하기 전에 나만의 시작 의식을 만들어보세요.

나만의 안전존 ▶ 나에게 안전한 느낌을 주는 공간, 사람, 감각, 몸동작, 이야기, 문구를 원 안에 기록해 보세요.

> 일단
>
> 뛰어드세요.

쓰다 만 수첩이나 노트가 있다면 당장 펼쳐서 시작하세요. 기록 어플도 괜찮습니다. 뭘 쓸까 잘 쓸 수 있을까 걱정하지 말고 일단 쓰기 시작해 보세요. 먼저 날짜를 써보거나 지금 기분을 쓰거나, 방금 전에 있었던 일을 쓸 수 있어요. 어디에서 시작하든 내 마음이 있는 곳으로 글이 흘러갈 것입니다.

맞춤법이 틀려도, 비문이어도 상관없어요. 글씨를 못 알아볼까 봐 걱정하지 않아도 됩니다. 쓰다가 산만해져 딴 생각으로 빠져도 괜찮아요. 원래 생각이라는 것은 예상치 못한 곳으로 흘러가기 마련이니까요. 때에 따라 흐름에서 벗어난 생각을 그대로 적어도 되고, 원래 쓰던 주제로 다시 돌아와도 됩니다.

꾸준하게 쓰지 않아도 좋습니다. 물론 처음 쓰기가 습관이 될 때까지는 계속 써보는 것이 도움이 됩니다. 하지만 때로 적고 싶지 않은 날도 있고, 그럴만한 시간이 나지 않을 때가 있을 거예요. 그럴 때는 억지로 쓰지 않아도 괜찮습니다. 며칠 쉬었다고 실패는 아닙니다. 그러다 감정이 턱 아래까지 차오른 날은 다시 쓰고 싶어질 거예요. 그때 써보세요.

내 마음을 이해하고 싶을 때, 지금 느끼는 불안, 화, 분노와 같은 부정적인 감정을 잘 다스리고 싶을 때, 감정일기가 도움이 되길 바랍니다. 감정일기가 처음이라 무엇부터 어떻게 써야 할지 막막하다면, 다음에 소개할 몇 가지 방법들이 다정하고 유용한 가이드가 되어줄 겁니다. 자, 그럼 시작해 볼까요.

감정일기
1단계.

상
황
을

촬영하듯
기록하기

**먼저 상황에서
출발해 보세요.**

우선은 당시의 에피소드를 '언제, 누가, 어디서, 무엇을, 어떻게'와 같은 육하원칙에 따라 최대한 자세하게 써보세요.

상담에서 내담자가 '우울하다'거나 '사는 게 엉망'이라거나 '지친다'라고 뭉뚱그려 말할 때에는 어쩌다 그런 마음이 들었는지 전혀 알 수 없어서 곧바로 공감하기 어렵습니다. 그래서 구체적으로 어떤 일이 있었는지 묻습니다. 오랫동안 힘든 일이 쌓여 왔거나 기질적인 이유로 기분이 처져서일 수도 있지만, 보통은 지금의 강렬한 감정을 느끼게 만든 어떤 사건이 있습니다.

'지친다'는 막연한 말 뒤에는 최근 잦았던 야근, 사람들의 부탁으로 꽉 찬 일정, 근래 불거진 부모님과의 갈등과 같은 객관적인 사건이 있을 수 있습니다. 상황을 하나씩 짚어가다 보면, 그런 감정이 들게 했을만한 중요한 단서를 발견하곤 합니다. 업무가 많아 혼자 밤늦게까지 일을 마무리하는 일이 반복됐다거나, 아이가 독감에 걸려 간병하느라 며칠 잠을 잘 자지 못했다는 구체적인 맥락을 이야기할 때 '힘들 수밖에 없겠구나' 하고 어느 정도 공감하게 됩니다.

스스로에 대해서도 마찬가지입니다. 지금의 감정에 영향을 준 일들을 쭉 적다 보면 내 마음이 왜 그런지 이해하게 되는 순간이 찾아옵니다. '진짜 힘들다'라는 단순한 감정 표현 대신 '이번 주에 매일 야근하고 주말에도 남은 업무를 하느라 쉴 수가 없었다'라고 배경이 된 상황을 자세히 쓸 때, '나 정말 힘들었구나' 하고 감정을 이해하고 편을 들어줄 수 있습니다. 뿐만 아니라 상황을 있는 그대로 설명하다 보면, 한쪽으로 치우쳤던 균형을 찾아가기도 합니다.

J는 자기 삶이 '엉망'이라고 말해놓고 왜 그러한지 객관적인 사실을 늘어놓다가 최근 친구와 다툰 것, 체중이 조금 는 것, 영어학원을 몇 번 빼먹은 것 외에는 딱히 그럴만한 일이 없다는 것을 스스로 알아차리기도 했습니다. '내가 예민하게 반응하는 것 같다'고 자책하던 M은 친구와 있었던 일을 자세히 이야기하다가, 오히려 스스로 서운해할 만한 상황이었음을 깨닫기도 했습니다.

이렇듯 잘 알고 있다고 생각했던 마음도 구체적으로 이야기하는 과정 속에서 새롭게 해석하게 됩니다. 있는 그대로, 상세하게 적어야 하는 이유입니다.

어떤 이야기를 써야 할까?

지금 나에게 강렬한 감정이 느껴진다면, 그 감정을 따라가 보는 것이 가장 좋습니다. 어떤 감정인지 알아봐 주고, 그 감정이 찾아온 이유를 떠올리다 보면, 나를 짓누르던 감정이 조금은 가벼워집니다.

외면하고 싶었던 일을 써보셔도 좋습니다. 하루를 찬찬히 떠올려볼 때, 딱 걸리면서 눈을 질끈 감게 되는 순간이 있습니다. 아마 이미 심장이 두근거리고 호흡이 가빠지면서 기분이 언짢아지기 시작했을 거예요. 어쩌면 마주하지 않으려 애쓰느라 오늘 하루 많은 에너지를 써왔을지 모릅니다. 하지만 그 이야기에 귀 기울여 주는 것만으로도 괴로운 감정을 떠나보낼 준비가 된 셈입니다. 마주하는 고통을 뚫고 들어가야 내 마음과 만날 수 있고, 그제야 얽히고설킨 마음을 풀어줄 수 있습니다.

또는 시시콜콜한 이야기여도 좋습니다. 친구와 수다 떨던 순간, 퇴근길 인상 깊었던 풍경, 동료가 챙겨준 간식. 눈 깜짝할 사이 지나가 버린 것 같은 오늘 하루도 돌아보면 순간순간 느낀 즐거움, 안도감, 감동 같은 것들이 있습니다. 그 일상이 쌓여서 오늘 하루가 되고 나를 이루어갑니다.

모래처럼 흩어져 버리는 순간을 다시 살짝 쥐고 음미해 봅니다. 일상의 따뜻한 순간을 의도적으로 자주 음미할수록 스트레스를 더 잘 다루고 삶의 만족도가 높아진다는 연구 결과들은 이미 충분히 쌓여있습니다.[4] 더구나 스쳐 지나간 감정을 떠올리고 기록하는 과정 자체가 마음 상태를 관찰하고 명명하는 훈련을 하는 셈인데, 연구자들은 이러한 연습이 감정을 조절하는 힘을 길러준다고 이야기합니다. 감정이 격해지는 때에도, 내 마음을 억압하거나 피하지 않고 있는 그대로 바라보기 쉬워질 것입니다.

**시나리오 작가처럼
적어보세요.**

누구라도 글을 보고 당시의 장면을 그대로 떠올릴 수 있도록, 가능한 한 자세히 적어보기를 권합니다. 사건에 대한 세부 묘사가 많을수록 좋습니다. 그 시나리오만으로도 장면이 그려지도록 최대한 구체적으로 대사와 배경, 동선을 기록합니다.

마치 내가 모르는 상황처럼 낯설게 들여다보세요. 당시의 시간대가 오전이었는지 오후였는지, 날씨는 어땠는지, 번잡한 시내 한복판이었는지 한갓진 골목길이었는지, 주변이 어질러져 있었는지, 산뜻한 향기가 났는지, 사람들이 많았는지, 이런 배경을 찬찬히 묘사해 보면 상황을 보다 투명하게 볼 수 있습니다. 상대가 했던 말을 쓸 때도, 내가 요약하거나 해석한 내용보다는 가급적 상대가 했던 말을 그대로 옮기는 편이 좋습니다.

일기처럼 나의 시점이 아닌, 제3자의 시선으로 써보기를 권합니다. '당시 사건 속의 나'는 배우이고 '글을 쓰는 나'는 촬영 감독이라고 생각하고, 감독의 관점에서 기록해 보세요. 이렇게 글을 쓰면 상황을 훨씬 더 객관적인 조망에서 바라볼 수 있습니다. 또 감정으로부터 거리가 생겨 '관찰하는 자기' 모드로 글을 쓰기 쉬워집니다.

심리학에서 말하는 '관찰하는 자기 Observing Self'는 자신의 경험을 있는 그대로 바라볼 수 있는 내면의 시선을 의미합니다. 이 관점에서는 감정의 소용돌이 속으로 뛰어들거나 생각에 휘둘리기보다 마음속에서 일어나는 일을 관조하듯 바라보게 됩니다. 결국 자신을 보다 객관적으로 이해할 수 있습니다.

> **촬영하듯
> 기록하세요.**

우리가 화가 나거나 슬프거나 속상한 이유는 단지 '상황' 그 자체 때문만은 아닙니다. 내가 상황을 어떻게 해석했느냐에 따라 내 감정의 농도와 방향이 달라집니다. 동료가 "무슨 말인지 다시 얘기해 줘"라고 했을 때, 상대에 대한 별다른 편견이나 감정이 없다면 편하게 다시 설명해 줄 테지만, 평소 관계가 껄끄러웠거나 상대에 대한 불만이 많았다면 '다 이해하면서 모른척하는 거 아냐', '전에도 이러더니 또 그러잖아'와 같은 해석이 들어가면서 화가 나게 됩니다.

타인의 표정을 어떻게 해석하느냐에 따라 감정이 달라지기도 합니다. 회의 중 중요한 발표를 하고 있는데 상사가 찡그린 표정으로 듣고 있는 것을 봤을 때, '내 발표 내용을 마음에 안 들어 한다'는 생각이 들면 언짢아질 수 있습니다. 하지만 정작 상사는 내 발표에 집중하느라 인상을 쓰고 있었을지 모릅니다. 혹은 아침에 좋지 못한 일이 있어 그 생각을 하고 있었거나 전날 잠을 설쳐서 두통이 있었을 수도 있고요.

이렇듯 잘못된 해석을 하는 까닭은 우리가 늘 불충분한 정보로 빠르게 판단해야 하기 때문입니다. 사실 그렇기 때문에 우리는 타인의 기분을 눈치껏 파악하고 효율적으로 대처할 수 있습니다. 상대의 얼굴 표정이나 목소리 톤, 말하는 내용으로 미루어 기분이 좋아 보인다라거나 슬퍼 보인다고 짐작하고, 내게 호의가 있다거나 관심이 없다고 결론짓습니다. 굳이 상대가 일일이 이야기해 주지 않아도 이러한 눈치 덕분에 적당히 조화롭게 지낼 수 있습니다.

문제는 상대의 행동에 여러 가능성이 존재하는데도, 상대에게 어떤 의도가 있다고 해석한 우리의 판단을 굳게 믿어버린다는 것에 있습니다. 상대가 다른 상황적인 이유로 기분이 나쁠 수 있는데 '나 때문에' 화가 났다고 생각하거나, '내 행동이 마음에 들지 않아서' 상대의 표정이 어둡거나 먼저 자리를 떴다고 해석합니다. 이러한 왜곡 때문에 불필요한 걱정이나 죄책감이 생길 수 있고 타인에게도 괜히 원망하거나 화가 나는 마음까지 들기도 합니다.

그래서 상황을 촬영하듯 있는 그대로 기록하는 것이 필요합니다. 중요한 기준은 '나 말고 다른 누구라도 똑같이 관찰할 수 있는가'입니다. 이러한 관찰 모드로 글을 쓸 때에는 내 해석이 끼어들 여지가 없어집니다.

'친구가 나를 귀찮아한다'는 평가 대신, '친구가 내 연락에 답을 하지 않는다'라고 관찰한 사실을 씁니다. 이 두 문장을 쓸 때의 감정은 다를 수밖에 없습니다. 나를 귀찮아한다는 문장에는 실망스럽고 화가 나지만, '내 연락에 답을 하지 않는다'는 사실 자체에는 강렬한 감정이 들지 않습니다. 그보다 '왜 답을 하지 않지?'라는 의문이 떠오르고, 오히려 친구에게 무슨 일이 생긴 건 아닌지 걱정스러워지기도 합니다. 이렇듯 '나를 귀찮아해서'와 같은 해석을 덧입히지 않고 사건을 있는 그대로 기록할 때, 우리는 보다 균형 있게 상황을 바라볼 수 있습니다.

상대의 기분이나 성격에 대한 추측도 덜어내고 관찰한 그대로 적습니다. '아이는 행복해 보였다' 대신 '아이는 활짝 웃으며 콧노래를 불렀다', 'J는 화가 나 보였다' 대신 'J는 미간을 찌푸리며 방을 나갔다', 'K는 친절했다' 대신에 '친구 K는 아이에게 사과를 깎아 건네주고, 인형을 가지고 놀라고 꺼내주었다'로 적는 편이 당시의 상황을 보다 사실적으로 전달합니다. 그리하여 상대의 행동이 우리의 감정과 너무 밀착되지 않게 도와줍니다.

내 생각이나 감정을 모두 뺀 사건 그 자체만 오롯이 기록할 때, 상대의 행동과 우리 감정 반응 사이에 거리가 조금 생기게 됩니다. 글로 옮길 때는 상대의 의도를 임의로 규정짓지 말고 최대한 무미건조하게 '남 일'처럼 써보세요.

아래에서 상황을 주관적으로 기록한 예시와 보다 객관적이고 구체적으로 수정한 예시를 함께 살펴볼 수 있습니다. 이를 비교해 보면서 촬영하듯 관찰하는 글쓰기를 익혀보세요.

❖ 상황 예시 | C의 기록 ❖

지친다. 아무도 나에게 관심이 없고 내가 어떤 기분일지 생각하지도 않는다. 사람들과 같이 있어도 항상 혼자인 느낌이다.

C의 기록에서는 언제 어디서 누구와 무슨 일이 있었는지 구체적인 사건 묘사가 없습니다. 감정 표현만으로는 스스로를 이해하기 어렵습니다. 특히 "아무도", "항상"과 같은 거칠게 일반화한 단어를 쓰면 상황을 극단적으로 받아들이게 되어 감정이 더욱 부풀어 오릅니다. 나만의 시각에서 상황을 해석하다 보면 감정은 한쪽으로만 치닫기 마련입니다. 이럴 때는 다음과 같이 발단이 된 에피소드부터 이야기하는 것이 필요합니다.

❖ 수정한 C의 기록 ❖

어제 오후 6시쯤, 단체 채팅방에서 친구 셋이 주말 약속을 잡는 대화를 나누는 걸 봤다. 내 이름은 언급되지 않았고, 대화는 10분쯤 이어졌다. 나는 아무 말 없이 채팅방을 닫고 소파에 앉아있었다.

이렇게 상황을 먼저 차분하게 기록한 다음 감정을 들여다봐도 늦지 않습니다. 다른 기록도 살펴볼까요.

❖ 상황 예시 | J의 기록 ❖

K는 내 말에 관심이 없었다. 내가 무슨 말을 해도 뚱하게 듣고 빨리 대화를 끝내고 싶어 하는 게 눈에 보였다. 예전부터 K는 나를 무시하는 경향이 있었는데, 이번에도 그런 식이었다.

J의 기록에서 "관심이 없었다", "뚱하게 듣는다", "무시하는 경향이 있다"는 객관적으로 관찰할 수 없는 주관적인 해석입니다. 내 해석을 쓰다 보면 서운함과 분노는 더욱 증폭되기 마련입니다. 대신 실제 K가 어떤 표정, 어떤 말투로 무슨 말을 했는

지 구체적인 묘사가 들어간다면 보다 정확하게 상황을 묘사할 수 있습니다.

> ❖ **수정한 J의 기록** ❖
>
> K는 내 이야기를 듣는 중에 스마트폰을 두 번 확인했고, 나에게 눈길을 주지 않은 채 "아 그렇구나"라고 짧게 대답했다. 내가 말을 마치기도 전에 "나 화장실 좀"이라며 자리에서 일어났다.

한 가지 예시를 더 살펴보겠습니다.

> ❖ **상황 예시 | L의 기록** ❖
>
> 과장님이 회의 중에 나를 노려보았다. 분명히 내 의견이 마음에 안 들었을 것이다. 저번에도 내 아이디어를 무시했다. 과장님은 평소 나를 별로 좋아하지 않는다.

L의 기록에서 "노려봤다", "마음에 안 들었을 것이다", "무시했다", "별로 좋아하지 않는다"는 과장님의 마음에 대한 L의

해석일 뿐입니다. 나의 판단을 배제하고 객관적으로 볼 수 있는 장면만 묘사한다면 다음과 같습니다.

❖ 수정한 L의 기록 ❖

회의실에서 과장님은 내 발표 슬라이드를 보며 눈썹을 찌푸렸고, 양손을 깍지 끼고 입을 다문 채 나를 바라봤다. 지난주 회의에서 내 발표가 끝난 후, 과장님은 아무 피드백 없이 다음 안건으로 넘어갔다.

촬영하듯 기록하기 ▶ 최근 겪은 일을 위의 예시들을 참고하여 촬영하듯 기록해 보세요.

❖ 나의 상황 기록하기 ❖

감정일기
2단계.

감정에

이름
붙이기

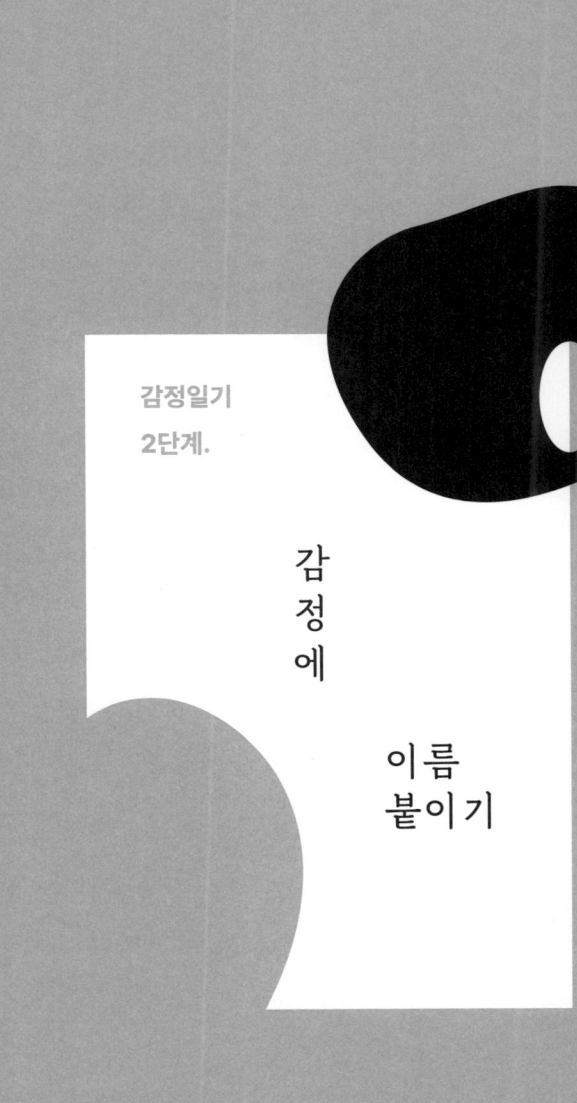

> 감정이라는 메신저에
> 귀 기울이세요.

　지금 어떤 감정이 드나요? 상황을 관찰하며 외부를 향했던 시선을 이제 내면으로 가져올 차례입니다. 누군가가 지금 내 마음이 어떠한지 묻는다면, 뭐라고 답해야 할지 막막할 수 있습니다. 이럴 때 감정 단어는 마음이라는 거대한 망망대해를 비추는 등대와도 같습니다. 감정은 지금 내가 어떤 상태인지, 무엇이 필요한지 알려주는 길잡이가 되어줍니다.

　우리 몸은 물이 부족하면 갈증을 느끼고, 음식이 필요하면 배고픔을 느끼게 하는 신호를 보내어 신체적 항상성을 유지하도록 돕습니다. 감정도 마음의 균형을 위해서 일합니다. 무언가를 지키고 싶을 때 불안이나 분노라는 흥분 신호를 보내고, 무언가를 잃어버려 돌봄이 필요하면 슬픔이라는 신호를 보내는 식으로요. 그러므로 감정을 알아차리는 것만으로도 내 마음이 균형을 잃은 상태인지 아닌지 알 수 있습니다.

　게다가 감정은 나의 필요를 살필 수 있도록 돕습니다. 손가락이 베이면 통증을 느껴 상처를 치료하게 되듯이 짜증, 실망, 불안, 우울, 분노와 같은 정서적 고통 역시 우리 마음과 몸을 돌보게 만듭니다. 가령 누군가가 나에게 무례하게 굴거나 소중한 사람을 위협하면, 분노나 불안이 우리를 각성시켜 우리에게 소중한 것을 보호하는 데 더 힘을 쏟게 됩니다.

그러니 모든 감정에는 그럴만한 이유와 역할이 있습니다. 마음이 보내는 소중한 신호인 감정을 알아차려 주세요.

감정과 감정이 아닌 것을 구분하세요.

많은 사람들이 평소 '~느낀다', '~기분이다'라는 말을 자주 사용하지만, 실제로는 감정이 아니라 생각이나 욕구를 표현하고 있을 때가 많습니다. 예를 들어 "나는 무시당한 기분이다"라는 말은 얼핏 감정처럼 보이지만, 실은 '나를 존중하지 않는다'는 생각이나 '존중받고 싶다'는 욕구에 더 가깝습니다. 이 상황에서 실제 감정은 슬픔, 분노, 또는 억울함일 수 있습니다.

또 다른 예로, "그가 날 더 배려했어야 했다고 느낀다"라는 말은 '그가 날 배려하지 않는다'는 판단과 '배려받고 싶다'는 욕구를 담고 있습니다. 이와 관련된 감정은 서운함, 외로움, 분노가 될 수 있습니다. "내가 더 잘했어야 한다고 느낀다"는 표현 역시, '잘하고 싶다', '능력 있어 보이고 싶다'는 욕구의 표현입니다. 이때의 감정은 실망, 부끄러움, 난처함 등이 더 정확합니다. 이처럼 감정을 생각이나 욕구와 구별해 보면, 자신이 어떤 감정을 느끼고 있는지 더 명확하게 인식할 수 있습니다.

가장 가까운 감정 단어를 선택하세요.

우리는 어릴 때부터 양육자로부터 감정 단어를 배우기 시작합니다. 아이가 얼굴을 찌푸릴 때 부모가 달래며 이야기해 준 "지금 기분이 안 좋구나", 눈물을 흘릴 때 "많이 속상하구나", 활짝 웃었을 때 "기분이 좋아"라고 호응해 준 말이 모여 나의 감정 단어가 됩니다. 성장하면서 다른 사람들과의 상호작용을 통해 이런 단어는 차츰 늘어났을 것입니다.

그럼에도 여전히 우리가 일상에서 흔히 쓰는 감정 단어는 '기쁘다, 슬프다, 화난다'와 같이 손에 꼽힐 만큼 적은 편입니다. 대부분 감정을 세밀하게 구분하고 표현하는 연습을 충분히 해보지 못했기 때문에, 지금 내가 느끼는 감정이 무엇인지 모호하게 느껴질 때가 많습니다.

'기분이 좋다'를 뿌듯함, 만족스러움, 유쾌함과 같은 감정으로 구분하고, '짜증이 난다'를 화남, 걱정스러움, 서운함과 같은 감정으로 구분할 때, 마음 상태를 보다 분명하게 이해할 수 있습니다. 그럴수록 뇌는 우리의 현재 상태를 더 정확하게 평가하고, 그에 따라 몸과 마음의 에너지를 보다 효율적으로 사용할 수 있게 됩니다. 신경심리학에서는 이를 '감정입자도 emotional granularity'가 높은 사람이라고 이야기합니다. 감정입자도가 높은 사람들은 감정을 더 섬세하게 구분하고 효과적으로 조절할 수 있습니다. 감정입자도가 높을수록 병에 덜 걸리고, 회복도 빠르며, 전반적으로 정서적인 건강 수준이 더 좋다고 합니다.[5]

지금 느끼는 감정을 표현할 때, 이전에 사용해 보지 않았던 새로운 감정 단어를 찾아 적용해 보거나, '분노'와 '실망'처럼 비슷해 보이는 감정의 미묘한 차이를 구분하는 연습을 통해 감정입자도를 높일 수 있습니다. 마땅한 감정 단어가 쉽게 떠오르지 않는다면, 한국비폭력센터 NVC의 '느낌말 목록'이나 마크 브래킷 Marc Brackett 감정지능센터 교수의 '무드 미터 Mood Meter'와 같은 객관식 선택지를 참고해 볼 수 있습니다. (54페이지 참고)

감정 단어를 하나씩 짚어가면서 지금 마음과 가장 가까운 감정을 찾아봅니다. 정확한 단어를 찾았다면 마치 가려운 부분을 정확히 찾아 긁은 것처럼 시원해집니다. 다만, 단번에 찾아내기는 쉽지 않고, 어떤 감정은 유독 인정하거나 알아차리기 힘든 경우도 있습니다. 근처라도 짚어냈다면 그래도 괜찮습니다. 감정을 찾는 시간이 쌓일수록 차츰차츰 나만의 감정 단어가 다채로워질 거예요.

> **감정을 명명하면,
> 달라집니다.**

때로는 우울하다거나 외롭다거나 화가 난다는 감정을 인정해 버리면 걷잡을 수 없이 우울해지거나 외로움, 분노가 심해지는 것은 아닐까 염려될 수도 있습니다. 하지만 오히려 감정을 알아차리면 감정 조절에 도움이 된다는 연구가 많습니다.

벨기에 루벤 대학 University of Leuven 심리학 연구팀은 실험 참가자들에게 기분이 좋아지는 사진과 슬프거나 무서운 사진을 보여주었습니다.[6]

그 후 두 그룹으로 나눠서 한 그룹은 아무것도 하지 않고 다른 그룹은 행복, 기쁨, 흥분, 슬픔, 공포 등 감정 단어를 선택하게 했습니다. 슬프거나 무서운 사진을 보고 모두 불쾌해졌지만, 감정 단어를 선택한 그룹은 감정의 강도나 각성 수준이 훨씬 줄어들었습니다. 또 다른 연구에서는 스트레스 상황을 겪게 만든 후에 심박 수나 피부전도 같은 생리적 반응을 측정했더니, 감정을 명명한 사람들이 신체적 각성이 훨씬 줄어들었다는 것을 확인하기도 했습니다.[7]

뇌영상fMRI 연구에 따르면, 감정을 인식하고 이를 언어로 표현하는 것만으로도 감정 처리를 담당하는 편도체와 변연계 영역의 반응이 줄어든다고 합니다.[8]

강한 감정 반응이 누그러지고 감정 조절을 할 수 있는 힘이 생기는 것입니다. 이처럼 감정을 명명하는 것은 감정 조절력을 키우는 단순하지만 효과적인 방법 중 하나입니다.

또한 감정을 찾아 이름을 붙이는 과정에서 우리는 자기 감정, 특히 부정적인 감정을 객관화하여 있는 그대로 바라보는 연습을 하게 됩니다. 이는 마음챙김mindfulness 방식이기도 합니다. 마음챙김은 지금 이 순간 자신이 경험하는 모든 것을 판단 없이 알아차리는 태도입니다. 내가 느끼는 감정이 고통스럽더라도 이

를 피하거나 과장하지 않고 있는 그대로 받아들인다는 의미이기도 합니다.[9]

　　마음챙김은 명상법으로 발전해 왔지만, 우울증, 불안장애, 중독을 위한 심리치료기법으로도 활용되고 있습니다. 현재까지 스트레스 회복력, 감정 조절력, 면역 기능과 같은 신체적, 심리적 건강 수준을 높이고, 뇌의 기능마저 변화시키는 것으로 밝혀지고 있습니다.

　　마음챙김이 효과가 큰 이유는 감정을 부인하거나 과도하게 반응하지 않고, 거리를 두고 관찰할 수 있도록 도와주기 때문입니다. 감정 단어를 찾을 때에도 마음챙김의 태도로 마음을 살필 수 있습니다. 감정을 명명하는 것 자체도 도움이 되지만, 감정을 알아챈 후 스스로에게 이렇게 말해봐도 좋습니다. "나 지금 화가 났네", "나 긴장하고 있구나", "내가 서운해하는구나" 하고 다른 사람의 마음을 이야기하듯 읊조려 보는 것입니다. 그럴 때 소용돌이치는 감정에서 한 걸음 물러나 찬찬히 마음을 들여다볼 수 있게 됩니다.

　　지금 경험하는 감정에 대해서 가능한 한 많이, 보다 구체적인 단어로 표현해 보세요. 내 감정에 꼭 맞는 말을 찾는 연습을 계속할수록 나를 이해하는 감정 어휘가 늘어날 것입니다.

❖ 상황 예시 ❖

"혹시 다들 다음 주 금요일 저녁 어때?"라는 메시지를 보낸 뒤, 화면에는 '읽음 6'이라는 표시가 떴다. 5분 뒤에도 아무 대답이 없었고, 15분 후에도 채팅방에는 새 메시지가 올라오지 않았다. 다음 날 오후가 돼서야 한 친구가 "그 주말에 제주도 가는데 평일은 괜찮을지도?"라고 메시지를 남겼다. 그 메시지 이후, 다른 두 명이 "나도 그날은 힘들 듯"이라고 짧게 답을 달았다.

❖ 감정 단어 기록하기 ❖

섭섭함, 쓸쓸함, 당혹감

감정 명명하기 ▶ 최근 겪은 일을 위의 예시를 참고하여 적고, 나의 감정을 찾아보세요.

❖ 나의 상황 기록하기 ❖

❖ 나의 감정 단어 기록하기 ❖

부정적 감정을 마주하기 힘들 때

부정적인 감정을 쓰기 시작하면 감정이 더 격해지거나 별일 아니었던 일을 괜히 키우게 될까 봐 주저하게 됩니다. 사실 부정적인 감정은 누구나 마주하기 힘듭니다. 일단 고통스럽습니다. 우리는 본능적으로 고통을 피하려는 경향이 있기 때문에, 부정적인 감정을 들여다보고 다시 경험하고 싶지 않습니다. 특히 과거 깊은 상처나 나의 중요한 신념을 건드리는 경우, 더더욱 감정을 마주하기 힘들어집니다.

또한 내가 그런 감정을 느낀다는 것 자체가 수치스럽고 부적절하다는 느낌이 들기도 합니다. 우울, 불안, 분노, 질투와 같은 감정이 마음에 들지 않을수록 그러한 '부정적'인 감정을 갖고 있는 내가 잘못된 것처럼 느껴집니다. 그럴수록 내게 그런 감정이 있다는 것을 받아들이기 어렵습니다.

때로는 부정적인 감정에 대한 사회적 편견 때문에 감정을 솔직히 인정하기 어렵습니다. '외롭다는 것은 약한 것'이라거나 '불안은 예민해서 그런 것'이라거나 '화가 나는 것은 미성숙하다는 것'과 같은 판단 때문에 이러한 감정을 억압하게 됩니다.

감정 받아들이기

　잠깐의 긴장이나 불쾌감은 굳이 그 감정을 붙들고 들여다보지 않아도, 산책을 하거나 좋아하는 음악을 듣는 것처럼 기분 좋은 활동을 하다 보면 자연스레 사라지기도 합니다. 이렇게 주의를 환기하는 것도 감정을 조절하는 좋은 방법 중 하나입니다. 하지만 비슷한 상황에서 계속 같은 감정이 들거나 언짢은 사건 하나가 반복해서 떠오른다면, 그 감정을 탐색해 보라는 사인일 수 있습니다.

　부정적 감정은 처음 마주할 때는 고통스럽습니다. 저도 한동안 누군가를 미워하는 마음을 마주하는 게 쉽지 않아서, 일기장을 꺼내지 않고 한참 피했던 적이 있어요. 며칠이 지나고 나서야 겨우 그 일에 대해 글을 쓸 용기를 낼 수 있었습니다. 상담에서도 불편한 기억이나 신념을 마주하려 할 때 자연스럽게 이야기를 피하게 되는 경우가 잦습니다. 이를 일컬어 '저항'이라 부르기도 하는데, 그만큼 힘든 감정을 대면하는 일은 누구에게나 쉽지 않은 일입니다.

　실제로 감정일기를 처음 쓰면 마음이 더 불편해지곤 합니다. 글쓰기 관련 연구에서도 초기에는 힘든 일에 대한 글을 쓴 후 부정적인 감정이 더 커지는 경향이 나타납니다. 하지만 며칠에 걸쳐 계속 기록하다 보면 어느 시점 이후로는 부정적인 감정이 줄어들고, 오히려 희망, 편안함, 감사와 같은 긍정적인 감정이 더 많아집니다.[10] 글을 쓰는 과정을 통해 그 사건과 감정적으로 거리가 생기면서 사건을 다른 관점에서 해석하고 새로운 의미를 찾을 수 있기 때문입니다. (다만, 오랜 시간 마음에 남아있는 고통스러운 기억이나 깊은 갈등은 혼자 다루기보다는 전문가의 도움을 받는 편이 훨씬 안전합니다.)

사실 부정적인 감정을 외면하려 할수록 오히려 고통은 더 커집니다. 감정을 억제할 때, 심박 수가 증가하고 스트레스 호르몬인 코르티솔 수치가 높아지는 등 생리반응이 불안정해지고, 통증이나 피로와 같은 신체적 증상이 생기기도 하며, 불안이 높아집니다.[11]

하지만 막상 부정적인 사건을 그대로 바라보고 감정을 인정한 후에는 심리적, 신체적 긴장감이 줄어듭니다. 심박 수와 혈압이 안정되고, 코르티솔 수치도 낮아집니다. 감정을 부인하거나 판단하기보다 받아들이는 연습이 되어있는 사람은 스트레스 상황에서도 자신을 객관적으로 이해하고 정서적으로도 영향을 덜 받습니다.[12]

있는 그대로 수용하기

최근 많은 연구로 효과가 증명되고 있는 변증법적 행동치료DBT에서는 '철저한 수용radical acceptance'을 강조합니다. 이는 고통스러운 현실을 있는 그대로 완전히 받아들이는 것을 의미합니다. 지금의 현실을 마음에 들어 한다거나 체념한다는 뜻이라기보다, 이미 일어난 일이라는 것을 인정한다는 의미입니다. '그 일이 일어나지 않았기를 바라지만 실제로 일어났고, 나는 그 사실을 부인하지 않겠다'는 마음가짐이기도 합니다.

　이러한 태도로 내 감정을 바라볼 수 있습니다. '내가 원하는 감정은 아니었지만, 지금 내 마음에 찾아왔고, 나는 이를 거부하지 않겠다'는 태도로 이미 생긴 사건과 감정을 바라봅니다. 마치 아무 일도 아닌 듯 '과민 반응하지 말자', '다 괜찮아질 거야'라고 감정을 무시하지도 않고, 그렇다고 '나는 되는 게 없어', '망했어', '운이 지지리도 없어'같이 고통을 과장하지도 않은 채로요.

　그리고 '지금 내 감정은 무엇인가'를 들여다보는 것을 넘어 "지금 나에게 필요한 것은 무엇인가"라고 질문해 보세요. 우리가 감기에 걸리거나 다쳤을 때 어디에 통증이 있는지 살피고 어떤 치료나 돌봄이 필요한지 생각해 보는 것처럼요. 혹은 여러 자기자비 연구가들이 제안하는 것처럼, 가장 아끼는 친구가 자신과 같은 마음 상태라고 가정하고, 친구에게 조심스레 물어보듯 스스로에게 질문해 보세요. "지금 뭐가 힘들어? 다 이야기해 봐"라고요. 이런 식으로 나와 타인을 향한 비난의 시선을 내 필요를 향해 돌려놓습니다.

　우리 자신을 돌보려면 먼저 고통을 온전히 받아들여야 합니다. 고통을 밀어내거나 나무라지 않고, 그 고통을 바라보기 힘들다는 사실 또한 인정해 주세요. 내가 지금 겪는 괴로운 감정은 나뿐 아니라 다른 누군가에게도 힘든 감정일 가능성이 높습니다. 스스로 더 잘했어야 했다고 다그치며 찾아오는 죄책감, 사람들에게 거절받았다고 느낄 때의 외로움, 앞날을 생각할 때 마음을 짓누르는 불안, 모두 누구에게나 수없이 찾아온 감정이었을 것입니다.

　내게 있는 감정을 탓하며 외면하지 말고, 있는 힘껏 받아들여 글로 담아내 보세요.
　감정일기에 여러 이야기를 쏟아놓았는데도 여전히 마음 어딘가가 석연치 않다면, 아직 꺼내놓지 않은 무언가가 있다는 신호일 수 있습니다. 그 감정을 만나보세요. 힘들다면 전문가나 믿을만한 사람에게 꺼내보는 것도 좋습니다. 말로든 글로든 털어놓을 때, 나를 옭아매는 감정에서 비로소 자유로워질 수 있을 것입니다.

참고하면 좋은 감정 목록 1

한국비폭력센터의 '느낌말 목록' [13]

욕구가 충족되었을 때

감동받은, 뭉클한, 감격스런, 벅찬, 환희에 찬, 황홀한, 충만한, 고마운, 감사한, 즐거운, 유쾌한, 통쾌한, 흔쾌한, 경이로운, 기쁜, 반가운, 행복한, 따뜻한, 감미로운, 포근한, 푸근한, 사랑하는, 훈훈한, 정겨운, 친근한, 뿌듯한, 산뜻한, 만족스런, 상쾌한, 흡족한, 개운한, 후련한, 든든한, 흐뭇한, 홀가분한, 편안한, 느긋한, 담담한, 친밀한, 친근한, 긴장이 풀리는, 차분한, 안심이 되는, 가벼운, 평화로운, 누그러지는, 고요한, 여유로운, 진정되는, 잠잠해진, 평온한, 흥미로운, 재미있는, 끌리는, 활기찬, 짜릿한, 신나는, 용기 나는, 기력이 넘치는, 기운이 나는, 당당한, 살아있는, 생기가 도는, 원기가 왕성한, 자신감 있는, 힘이 솟는, 흥분된, 두근거리는, 기대에 부푼, 들뜬, 희망에 찬

욕구가 충족되지 않았을 때

걱정되는, 까마득한, 암담한, 염려되는, 근심하는, 신경 쓰이는, 뒤숭숭한, 무서운, 섬뜩한, 오싹한, 겁나는, 두려운, 진땀 나는, 주눅 든, 막막한, 불안한, 조바

심 나는, 긴장한, 떨리는, 조마조마한, 초조한, 불편한, 거북한, 겸연쩍은, 곤혹스러운, 멋쩍은, 쑥스러운, 괴로운, 난처한, 답답한, 갑갑한, 서먹한, 어색한, 찜찜한, 슬픈, 그리운, 목이 메는, 먹먹한, 서글픈, 서러운, 쓰라린, 울적한, 참담한, 한스러운, 비참한, 속상한, 안타까운, 서운한, 김빠진, 애석한, 낙담한, 섭섭한, 외로운, 고독한, 공허한, 허전한, 허탈한, 쓸쓸한, 허한, 우울한, 무력한, 무기력한, 침울한, 피곤한, 노곤한, 따분한, 맥 빠진, 귀찮은, 지겨운, 절망스러운, 실망스러운, 좌절한, 힘든, 무료한, 지친, 심심한, 질린, 지루한, 멍한, 혼란스러운, 놀란, 민망한, 당혹스런, 부끄러운, 화나는, 약 오르는, 분한, 울화가 치미는, 억울한, 열받는, 짜증 나는

참고하면 좋은 감정 목록 2

마크 브래킷의 '무드 미터'[14]

격분한	공황에 빠진	스트레스 받는	초조한	충격받은
격노한	몹시 화가 난	좌절한	신경이 날카로운	망연자실한
화가 치밀어 오른	겁먹은	화난	조마조마한	안절부절못하는
불안한	우려하는	근심하는	짜증 나는	거슬리는
불쾌한	골치 아픈	염려하는	마음이 불편한	언짢은
역겨운	침울한	실망스러운	의욕 없는	냉담한
비관적인	시무룩한	낙담한	슬픈	지루한
소외된	비참한	쓸쓸한	기죽은	피곤한
의기소침한	우울한	뚱한	기진맥진한	지친
절망한	가망 없는	고독한	소모된	진이 빠진

활력 높음 / 활력 낮음

쾌적함 낮음

놀란	긍정적인	흥겨운	아주 신나는	황홀한
들뜬	쾌활한	동기 부여된	영감을 받은	의기양양한
기운이 넘치는	활발한	흥분한	낙관적인	열광하는
만족스러운	집중하는	행복한	자랑스러운	짜릿한
유쾌한	기쁜	희망찬	재미있는	더없이 행복한
속 편한	태평한	자족하는	다정한	충만한
평온한	안전한	만족스러운	감사하는	감동적인
여유로운	차분한	편안한	축복받은	안정적인
한가로운	생각에 잠긴	평화로운	편한	근심 걱정 없는
나른한	흐뭇한	고요한	안락한	안온한

활력 높음 / 활력 낮음

쾌적함 높음

감정일기
3단계.

감정과
분리하여,

생각
기록하기

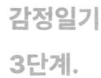

**사실과 해석을
분리하세요.**

감정을 기록할 때 생각과 혼동하는 분들을 보게 됩니다. "잘 모르는 사람인데 나에게 너무 친절해서 당황스러웠다"처럼요. 여기에는 '당황스러움'이라는 감정 말고도 '나에게 너무 친절한 거 같다'는 생각이 섞여있습니다. 상대의 진실과는 상관없는 나의 필터를 거친 생각이자 주관적인 평가입니다.

가만, 상대가 나에게 과도하게 친절했는데 그게 진실과는 상관없다니요. 여기서 내가 객관적으로 관찰한 사실과 주관적인 해석을 구분하는 것이 중요합니다. 내가 눈으로 관찰했고 다른 사람도 동일하게 목격할 수 있는 객관적인 사실을 예로 들자면 '그는 나와 한두 번 마주쳤던 사이'라는 것, '그가 버스 정류장에서 갑자기 비가 내리지 않느냐며 내게 말을 걸었다'는 것, '여분의 우산이 있으니 쓰고 가라며 내게 건네줬다'는 것 정도입니다. 똑같은 행동을 보고 어떤 사람은 '운 좋게 만난 친절한 이웃의 선행'이라고 평가할 수도 있을 테고, 누군가는 '나에게 보이는 호감'이라고 생각할 수도 있을 것입니다.

"내 얘기를 지루해해서 무안했다"거나 "나를 무시해서 화가 났다"는 말도 그렇습니다. '내 이야기를 지루해했다'는 나의 판단 이전에 객관적인 사실을 찾아 쓰는 것이 좋습니다. '나와의 대화 중에 자주 핸드폰을 확인했다'는 행동까지가 관찰이 가능한 사실입니다. 이를 두고 '내 이야기를 지루해했다'고 해석할 수도 있지만, 상대가 중요한 연락을 기다리는 중이었거나 마음이 불안할 때 나오는 그의 습관으로 볼 수도 있습니다. '내가 한 말에 아무런 대꾸를 하지 않았다'라는 행동 역시 '나를 무시했다'고 해석할 수 있지만, 상대방이 다른 생각을 하느라 답을 못 했을 수도 있고 곧바로 자기 생각을 표현하지 않는 성향으로 이해할 수도 있습니다.

이렇듯 같은 상황을 경험해도, 과거의 경험과 나의 성향에 따라 해석은 판이하게 다를 수 있습니다. 그에 따라 내 감정도 달라지기 마련입니다. 따라서 감정일기를 쓸 때, 객관적인 상황과 생각, 감정을 구분해서 기록하는 것이 중요합니다. 그래야 내 감정의 이유를 명확하게 이해할 수 있습니다.

우리가 느끼는 고통은 일어난 사건 때문이 아니라 그 일을 바라보는 관점 때문인 경우가 많습니다. 내가 상황을 어떻게 평가하고 해석하고 있는지 살펴보는 것은 고통의 원인을 찾는 과정이기도 합니다. 앞에서 소개한 1단계 '상황'란에는 객관적으로 일어난 사실을, 2단계 '감정'란에는 감정만 오롯이 남기는 연습을 했다면, 3단계 '생각 기록하기'에서는 내가 추론하거나 해석한 내용을 넣어보겠습니다.

> **판단을
> 덜어내세요.**

상황을 해석하는 방식뿐 아니라 나만의 기준에 따라 내리는 판단 역시 상황을 정확하게 보지 못하게 만듭니다.

J는 감정일기를 쓰면서 '감정'란에 "아이가 평소에 그렇게 말을 안 듣더니 사고를 치고 나서야 후회하는 것 같아 화가 났다"고 기록했습니다. 여기에는 화가 난 감정 말고도 '평소에 내 말을 잘 듣지 않는다', '사고를 치고 나서 후회하는 것 같다'는 판단이 들어가 있습니다. 이 판단에 매몰되면 내 욕구에 집중하기보다 타인이나 나 자신을 탓하게 됩니다. J는 자신의 말을 따라주지 않은 아이에 대한 원망, 부모로서 제대로 말리지 못한 자신에 대한 죄책감이 동시에 들었습니다.

아마도 누군가를 원망하려는 게 J의 진심은 아니었을 겁니다. 아이가 실패를 겪거나 손해를 보지 않고 잘 자라기를 바라는 마음, 부모로서 아이의 성장을 돕고 싶은 바람이 있었을 겁니다. '내 말대로 하지 않았다'는 판단에 가려졌을 뿐입니다. 이럴 때는 '아이에게 위험하니 킥보드를 타고 다니지 말라고 제안했지만, 아이는 계속 타겠다고 했다'와 같은 객관적인 상황과 '화가 났다'라는 감정만 남겨둡니다. 굳이 내 판단을 쓰고 싶다면 '평소에 내 말을 듣지 않다가 사고가 나니 후회하는 것 같다는 생각'과 같이, '~이라는 생각' 혹은 '~이라는 판단'이라고 나의 해석에 이름을 붙여줍니다.

흔히 쓰는 '성실하다', '게으르다', '착하다', '이기적이다', '편파적이다'와 같은 단어에도 판단이 들어가 있습니다. 우리는 일상에서 타인을 빠르게 파악하고 행동을 예측하기 위해 어떠한 성향 혹은 성품이라는 이름을 붙이곤 합니다. 이러한 판단이 들어가면 상황을 어느 정도 곡해해서 바라볼 수밖에 없습니다.

가령 누군가가 마감 하루 전까지 일을 미룬 것을 보고 '게으른 사람'이라고 묘사한다면, 그 단어만으로도 책임감이 부족하거나 일하기를 싫어하는 사람이라는 인상을 갖게 됩니다. 단지 그 사람의 작업 스타일이거나 업무 효율을 위해 일부러 시간 안배를 그리 했을 수도 있는데 말이에요. 판단은 상황을 있는 그대로 바라보지 못하도록 눈을 가려버립니다.

보다 엄격해지자면, '빠르다', '많다', '잦다', '소리가 크다'와 같은 표현도 주관적인 기준에 근거한 판단입니다. 메시지에 30분 만에 답장하는 것이 누군가에게는 빠르게, 어떤 사람에게는 느리게 느껴질 수 있습니다. 일주일에 한 번씩 만나는 것을 누군가는 자주라고 느끼지만 어떤 사람은 충분하지 않다고 생각할 수 있습니다.

이 모든 것은 상대적입니다. 나의 입장에서는 충분히 빠르고 많고 잦은데, 상대가 그렇지 않다고 생각하면 불편한 감정이 생깁니다. 이와 같은 판단을 가급적 덜어내고 관찰한 사실만 남길 때, 상황을 보다 객관적으로 거리를 두고 바라볼 수 있습니다.

> **특히 당위를
> 조심하세요.**

L은 아침부터 서둘렀습니다. 지하철을 두 번이나 갈아타고 친척 병문안을 갔다가 아이 학원 상담 시간에 늦지 않기 위해 서둘러 버스에 올라탔습니다. 집으로 돌아와 바빠 어제 사놓은 불

고기감을 팬에 올리고 밥을 지었습니다. 식사 후 정리는 암묵적으로 남편과 번갈아 하는데, 남편은 저녁을 먹자마자 방으로 들어가 버렸습니다.

그날 일기의 '감정'란에는 "오늘 종일 동동거리며 아이만 쫓아다녔는데 이런 날은 집안일 좀 봐줘야 하는 거 아닌가 싶어 화가 났다"라고 쓰여있었습니다. 이 문장을 쓰면서도 눈물이 울컥할 만큼 화가 나고 억울한 마음이 차올랐습니다. 상황에 내 생각을 투영해서 주관적으로 해석했기 때문입니다. '지하철을 두 번 갈아타고 친척 병문안을 갔다가 아이 학원 상담을 갔다'라는 객관적인 정황 대신 '종일 동동거리며 쫓아다녔다'라는 나의 행동에 대한 평가가 들어가면 슬며시 억울한 마음이 들 수밖에 없고, 결정적으로 '집안일 좀 봐줘야 한다'는 문장에는 '종일 힘들었으니 배려받는 게 당연하다'는 나의 당위가 섞여있습니다.

'이러이러하는 게 당연하다'는 당위가 있으면, 그렇지 못한 상황에서 분노가 솟구치기 쉽습니다. '기분이 나빠도 표정 관리를 할 줄 알아야 한다', '싸우고 나서는 화해해야 한다', '몸이 아플 때는 도와줘야 한다'라는 기대가 있으면, 그러지 못하는 사람을 볼 때 화가 날 수밖에 없습니다. 하지만 곰곰이 생각해 보면, 우리가 '당연하다'고 말할 때, 그 뒤에는 대개 나의 바람이 있습니다. 그때 내 욕구는 '관계 속에서 편안하고 싶다'거나 '도움을 받고 싶다'일 것입니다.

L의 당위 뒤에는 '배려받고 싶다', '쉬고 싶다'는 긴급한 바람이 있습니다. 생각을 분리해야 하는 이유는 이 욕구를 더욱 명료하게 살펴보기 위해서이기도 합니다. 상황에 내 해석을 덧입히면 감정의 책임을 상황이나 타인에게 돌려버리기 쉽습니다. 그럴 때 내 마음이 나아지는 방법을 찾기는 아주 어려워집니다.

감정일기를 쓸 때는, 어떠해야 한다는 당위 대신 내가 무엇을 느끼고 바라는지에 주목해 주세요. 고단해서 쉬고 싶은 몸과 마음을 내가 먼저 충분히 헤아려주고, 쉴 수 없는 상황에서 속상함을 느끼는 마음에 초점을 맞춰보세요.

괄호로 묶어버리세요.

내 생각이나 판단, 내가 가지고 있는 당위를 괄호 안에 넣어버리세요. "나를 우습게 보는 게 분명했다" 대신에 "〈나를 우습게 보는 게 분명하다〉라고 생각했다"라고 생각한 내용을 괄호 안에 넣는 것입니다. "그런 식으로 얘기하니 나도 좋게 대할 수가 없다" 대신에 "〈그런 식으로 얘기하니 나도 좋게 대할 수가 없다〉고 생각했다"고 생각한 내용을 포박하여 괄호 안에 넣어 줍니다.

'나를 우습게 봤다'는 생각에 깊이 몰입하면 분노의 사이클은 더 거세게 돌아가고 그 생각에 묶여 다른 조망을 가질 수 없습니다. 생각을 괄호로 묶어서 정리해 주면 생각에 매몰됐던 상태에서 조금은 분리될 수 있습니다. 이런 방식으로 생각에 휘말리지 않고 관조하듯 바라볼 수 있게 됩니다.

생각은 절대적 진실이 아닙니다. 믿지 마세요. 생각은 내가 주체적으로 사고한 결과물이라고 생각하기 쉽지만, 사실 대부분은 우리의 의도와 상관없이 뇌가 끊임없이 만들어내는 '말들'입니다. 들었던 이야기나 과거의 경험에서 들어맞았던 것, 어디서 읽었던 이야기가 어딘가에 자리 잡고 있다가 내 머릿속에 불청객처럼 찾아옵니다. 잠시 머물다가 언젠가 때가 되면 떠날 거예요. 꼭 끌어안아 줄 필요도, 그렇다고 쫓아낼 필요도 없습니다.

아이러니하게도 생각을 쫓아내려 애쓰면 더 생각이 나고 맙니다. "지금 '우유'라는 말을 생각하지 마세요"라는 지시를 듣는다면, 계속 '우유'라는 단어가 머릿속에 맴돌고 말 거예요. 이는 사회심리학자 다니엘 웨그너 Daniel M. Wegner가 실험으로 증명하기도 했습니다. 두 그룹으로 나눠 한 그룹에는 '백곰'에 대해 생각하지 말라고 하고 다른 그룹은 자유롭게 생각하도록 했어요. 그 결과 '백곰' 생각을 하지 말라고 했던 그룹에서 오히려 백곰을 더 자주 생각했습니다.[15]

불편하고 굿나 보이는 생각이더라도 실컷 있어보라고 내 마음의 방 하나를 내어줄 때, 오히려 들러붙지 않고 자유롭게 떠날 수 있습니다.

생각을 기록하는 궁극적인 목적은 나와 생각 사이에 공간을 만들기 위해서입니다. 생각을 생각하는 시간을 가져보세요. '나는 왜 이 생각을 하게 되었을까', '이 생각이 진짜 참인가', '내가 생각한 대로 되는 게 과연 좋은 걸까'와 같은 의문을 떠올려보아도 좋습니다. 그게 어렵다면 생각을 불명 하듯 그냥 바라보세요. '아, 내가 이런 생각을 하고 있네?' 이런 마음이면 가장 좋습니다.

❖ 생각 기록하기 예시 1 ❖

상황, 감정, 생각을 분리해서 쓰기

- '분명히 날 싫어하는 눈치였다.'

→ 이러한 마음을 표현하고 싶을 때, 다음과 같이 구분해서 기록할 수 있습니다.

상황 : 그는 내 말을 듣고도 아무 대답을 하지 않더니 고개를 돌려버렸다.

감정 : 긴장, 서운함

생각 : 〈날 싫어하는 것 같다〉라는 생각

- '걔는 진짜 책임감이 없다.'

→ 뭉뚱그려 단정하는 판단 대신 상황, 감정, 생각을 분리해 봅니다.

상황 : 약속 시간에 20분 늦었고, 사과하지 않았다.

감정 : 화가 남, 당황함

생각 : 〈책임감이 없다〉라는 생각

감정일기를 처음 쓰다 보면, 생각을 감정처럼 표현하거나 둘을 뒤섞어 쓰는 경우가 많습니다. 감정과 생각을 명확히 구분해 볼 때, 우리 마음은 마치 잘 정돈된 서랍장처럼 차분히 제자리를 찾아갑니다.

❖ 생각 기록하기 예시 2 ❖

생각과 감정 구분하기

• 내가 뭐라고 하면 바로 기분 나빠 하는 게 보여서 불편했다.

감정 : 불편함

생각 : 〈내가 뭐라고 하면 바로 기분 나빠 한다〉라는 생각

• 너무 무시당한 느낌이라 서러웠다.

감정 : 서러움

생각 : 〈무시당했다〉라는 생각

• 요즘 너무 게을러진 것 같아 우울하다.

감정 : 우울함

생각 : 〈내가 요즘 너무 게을러졌다〉라는 생각

생각 기록하기 ▶ 위의 예시를 참고하여 최근 겪은 일을 상황, 감정, 생각으로 각각 구분하여 기록해 보세요.

❖ 나의 생각 기록하기 ❖

상황 :

_____
_____
_____
_____

감정 : _____

_____
_____

생각 : 〈   〉라는 생각
　　　〈   〉라는 생각
　　　〈   〉라는 생각

생각에 따져 묻기

생각을 있는 그대로 알아차리는 것만으로도, 나와 생각 사이에 거리감이 생기며 심리적으로 유연해집니다. 하지만 연구자들은 단순히 마음을 알아차리는 것에 더해, 의도적으로 관점을 바꾸고 상황을 재해석하는 작업을 할 때, 감정 조절에 더 큰 효과가 있다고 이야기합니다.

이를 위해서는 감정일기에 기록한 '생각'을 살펴봐야 합니다. 우리의 생각이 모두 사실에 근거한 것은 아닙니다. 과거에 만들어진 신념이라는 틀로 한 번 걸러지는 데다가, 뇌는 정보를 효율적으로 처리하기 위해 일반화나 이분법적 사고와 같은 억지스러운 해석을 해버립니다. 인지치료에서는 비합리적인 생각이나 인지 오류가 정서적 문제를 만들어낸다고 봅니다. 이러한 생각에 의문을 갖고, 수정하는 과정을 통해 감정이 나아지도록 돕습니다. 내 생각이 과연 그럴듯한 생각인지 질문하고, 내 생각과 전혀 다른 입장을 고려해 보면서, 상황을 보는 관점을 달리해 보는 것입니다.

예를 들어, 친구가 연락이 없을 때 '나를 별로 좋아하지 않는 거 아닌가'라는 생각을 했다면, 이 생각이 진짜 사실에 근거한 것인지 질문하고, 과장하거나 자기중심적으로 이해한 것은 아닌지 돌아보면서 '친구에게 바쁜 일이 있을 수 있다'거나 '연락을 자주 하는 성향이 아닐 수 있다'와 같은 다른 가능성을 떠올려보는 것입니다.

과제 준비를 계속 미루고 있는 스스로를 보면서 '나는 게으른 사람이다'라는 생각에 더욱 의기소침해진다면, '나는 진짜 게으른 사람인가?', '내가 게으르지 않았던 때는 없었나?'와 같은 질문을 던지면서 이 생각이 사실인지 검토해 봅니다. 그리고 '이 과제가 너무 막막해서 시작할 엄두가 안 나'라든가 '요즘 다른 시험 준비로 바빠서 여력이 없었어'와 같은 '게으름' 말고 과제를 미루는 행동에 대한 다른 설명을 생각해 보는 식입니다.

이렇게 생각을 보다 유연하게 바라볼수록 심리적 긴장이 풀어지면서 불안이나 우울, 분노와 같은 감정이 점차 누그러집니다. 이전에는 감정에 눌려 아무것도 시도하지 못했다면, 이제는 친구에게 먼저 연락을 해보거나 조금이라도 과제를 시작해 보는 등 작은 행동을 실천할 수 있는 용기도 생깁니다.

생각이 타당한지 재평가를 돕는 질문
- 내가 이렇게 생각하는 객관적인 근거는?

- 이 생각을 반박하는 증거는?
- 사실과 내가 한 추측을 구분한다면?

관점을 바꾸는 질문
- 누군가 나와 같은 상황에 있다면, 나는 그 사람에게 뭐라고 말할까?
- 3년 후, 5년 후 나는 이 상황을 어떻게 바라볼까?
- (주변 친구들을 대입해 봅니다) 다른 사람이라면 이 상황을 어떻게 해석할까?

❖ **생각에 따져 묻기 예시** ❖

상황 : 모임에서 의견을 냈는데, 아무도 반응하지 않았음.
생각 : 〈사람들이 나를 무시한다〉라는 생각.

질문하기 : 내가 이렇게 생각하는 객관적인 근거는?
사람들이 아무도 답하지 않고, 나에게 시선을 주지도 않았음.
예전에 내가 회비 계산과 관련해서 의견을 냈을 때도 별다른 반응이 없었음.
모임에 들어올 때부터 나를 보고 인사하는 사람이 많지 않았음.

질문하기 : 이 생각을 반박하는 증거는?
몇몇이 오늘 옷이 잘 어울린다고 나에게 이야기했음.
지난 모임에서 모임 장소에 대한 아이디어를 말했을 때, 다들 웃으면서 좋다고 이야기함.
단톡방에서 내가 곧 보자고 남긴 메시지에 많이들 호응해 줌.

질문하기 : 사실과 내가 한 추측을 구분한다면?
(사실) 내 의견 후에 사람들이 아무런 말을 하지 않음.
(추측) 사람들이 일부러 무시했다고 단정 지었음.

질문하기 : 누군가 나와 같은 상황에 있다면, 나는 그 사람에게 뭐라고 말할까?
'그 생각이 진짜가 아닐 수도 있어'라고 이야기해 줄 것이다.

질문하기 : 3년 후, 5년 후 나는 이 상황을 어떻게 바라볼까?
그때까지 이 모임에 계속 있을지, 아니면 다른 모임에서 새로운 관계를 맺고 새로운 역할을 맡고 있을지는 모르겠다.
3~5년 후쯤에는 '그 모임에서 그때 그런 마음이었지' 하고

생각할 것이다.

질문하기 : 다른 사람이라면 이 상황을 어떻게 해석할까?

S 같았으면 '다들 내 이야기를 못 들었나' 하고 넘겼을 것이다. K라면 '이 생각은 어떤지 의견이 듣고 싶다'고 한 번 더 큰 소리로 물었을 것이다.

감정일기
4단계.

욕
구

찾아
보기

| 감정은
| 욕구에서 비롯됩니다.

    우리가 쓰는 감정일기가 감정으로만 끝난다면 단지 넋두리에 지나지 않을 수도 있습니다. 감정 자체에만 집중한다면, 오히려 감정이 더 격해지거나 울적해질 위험마저 있습니다. 이제 내 마음을 살피는 돋보기를 한 뼘 더 키울 차례입니다. 기쁨, 슬픔, 화, 분노와 같은 감정이 우리 마음에 찾아왔다면, 대부분 이유가 있기 마련입니다. 그 이유를 알아야 괴롭거나 가라앉거나 흥겨워진 우리 마음이 납득이 되고, 감정을 받아들일 수 있습니다. 이유를 찾아 기록하는 것은 곧 내 마음을 이해해 주는 것과 같습니다.

    우리는 흔히 감정이 지금 처한 상황 때문에 생겼다고 생각하기 쉽습니다. 상대가 심한 말을 했기 때문에, 차가 밀렸기 때문에, 아이가 내 말을 듣지 않았기 때문에 내가 화가 났다고 말입니다. 하지만 감정은 외부 환경과 내 마음속 욕구가 만날 때 생겨납니다.

    일을 하고 있을 때 곁에서 시끄럽게 떠드는 아이 때문에 짜증이 났다면, 시끄러운 아이가 내 짜증에 대한 책임이 있는 것이 아닙니다. '조용하게 있고 싶다'는 내 욕구가 충족되지 않아서인 것이죠. 빨리 일을 끝내고 싶은 나의 바람이 클수록, 내 시간과 공간을 내가 원하는 방식대로 쓰고 싶을수록, 상황이 그렇지 못할 때 분노의 감정이 거세집니다.

　어느 약속 없는 주말, 집에 있기 외롭고 심심할 때는 친구의 만나자는 연락이 반갑게 느껴질 테지만, 혼자서 조용히 쉬고 싶을 때는 똑같은 친구의 제안이 부담스럽게 다가올 거예요. 누군가와 연결되고 함께 있고 싶은 욕구가 있을 때는 친구와의 만남이 '내 욕구를 채울 수 있는 상황'이 되지만, 혼자 있고 싶은 욕구가 있을 때는 '욕구가 좌절되는 상황'이 될 테니까요. 내가 어떤 기대와 바람을 가지고 있느냐에 따라 같은 상황에서 기분이 좋아질 수도, 나빠질 수도, 그 강도가 달라질 수도 있습니다.

　욕구가 충족된 순간에는 즐거움, 만족감, 뿌듯함과 같은 '긍정적'인 감정이, 충족되지 못한 순간에는 언짢음, 걱정, 분노와 같은 '부정적'인 감정이 생깁니다. 긍정적이든, 부정적이든 감정은 지금 내 욕구를 알려주는 키워드가 될 수 있고, 그 감정 덕분에 내 마음이 무엇을 향하고 있는지 비로소 알아챌 수 있습니다.

　무례한 말투에 화가 났다면 존중받고 싶은 바람이 중요했을 테고, 팀의 업무 결과물에 계속 화가 난다면 일의 성과가 중요한 사람일 수 있습니다. 위험한 물건이 방치되어 있는 것이 화가 난다면 안전을 지키고 싶은 마음이 있기 때문입니다. 감정이 강렬할수록 내 안의 욕구가 강하다는 의미일 수 있으니, 지금 내 마음이 출렁인다면 어떤 바람이 있는지 살펴보세요.

처음에는 욕구를 찾기 어려울 수 있습니다. 평소 자주 생각해 보지 않았을뿐더러 우리의 욕구는 층층이 겹쳐져 있기 때문에, 내가 진짜 바라는 것이 무엇인지 헷갈리는 건 당연합니다. 그럴 때는 한국비폭력대화센터에서 제공하고 있는 '욕구 목록'(96페이지 참고)을 활용해 볼 수 있습니다. '맞아, 내가 원한 게 이거였어'라는 마음과 가장 가까운 욕구를 찾아보세요. 이 목록에 없더라도 자신의 욕구라 생각된다면, 직접 써보셔도 좋습니다.

진짜 욕구 vs.
욕구로 착각하는 것들.

감정일기를 처음 쓸 때 보통 가장 어려워하는 부분이 '욕구 찾기'입니다. 스스로 욕구를 들여다보고 명명하는 것에 익숙지 않기 때문이기도 하지만, 더 정확한 이유는 욕구가 무엇인지 이해하기 어렵기 때문입니다. 욕구에 대한 몇 가지 기준이 있습니다.

우선, 욕구는 보편적이지만, 욕구를 충족하는 수단은 개인적이고 세부적입니다. '정시에 퇴근하고 싶다'라는 바람은 욕구 자체라기보다는, 그 욕구를 실현하기 위한 수단에 가깝습니다. 정시 퇴근을 통해 충족하고 싶은 것은 '자율성', '휴식', '균형' 같은 더 본질적인 욕구입니다. 어떤 사람은 퇴근 시간이 어떻든 자신이 좋아하는 요가 수업을 들을 때 그 욕구가 충족될 수 있습니다. 반면 어떤 사람은 일찍 퇴근해서 집에서 가족과 시간을 보낼 때 그 욕구가 채워지기도 합니다. 같은 욕구라도 욕구를 충족하는 방법은 사람마다 다를 수 있습니다.

수단에만 집착하면 내가 택한 방법이 통하지 않을 때 좌절감이 크지만, 욕구에 초점을 맞추면 더 유연하고 다양한 방식으로 문제를 해결할 수 있게 됩니다. 예를 들어, '연결되고 싶다'는 욕구를 '가족들과 대화하는 시간'을 통해서만 채우려 한다면, 가족들이 바쁘거나 이야기를 나누고 싶어 하지 않을 때 실망하거나 원망하게 됩니다. 이럴 땐 친구들과 시간을 보내거나 새로운 모임에 참여해 보거나 나 자신과 깊이 연결되는 시간을 통해 '연결'이라는 욕구를 충족하는 게 더 효과적입니다.

수단을 욕구로 착각하는 대표적인 경우가 '돈'입니다. 흔히 욕구를 찾아보라고 하면 '돈을 많이 버는 것'을 이야기하는 경우가 많습니다. 이럴 때는 돈으로 무엇을 이루고 싶은지 한 번 더 물어보면 좋겠습니다. 예상치 못한 일이 닥칠 때를 대비하고 싶은 욕구인지, 시간을 자유롭게 쓰고 싶다는 바람인지, 취미생활이나 여행과 같이 내가 원하는 것을 하고 싶다는 소망인지 탐색해 보면서 자신의 진짜 욕구를 찾아갈 수 있습니다.

또한 상대가 특정한 방식으로 행동해 주길 바라는 기대를 내 욕구라 착각할 때도 있습니다. 가령 '그 사람이 내 말을 귀 기울여 들어줬으면 좋겠다'는 기대가 있다면, 상대의 반응에 따라 내 감정이 좌우되기 쉽습니다. 하지만 그 바닥에는 '소통하고 싶다', '이해받고 싶다', '존중받고 싶다'는 욕구가 자리하고 있습니다.

욕구에 시선을 두면, 우리의 초점은 타인의 행동에서 내 마음으로 옮겨옵니다. 통제할 수 없는 타인이라는 영역에서 내가 보살피고 돌볼 수 있는 영역으로 넘어온 셈입니다. 이제 '소통'과 '이해'라는 내 욕구를 채울 수 있는 여러 방법을 찾는 일만 남았습니다.

이런 식으로, 상대의 행동이 바뀌길 바라고 있다면, 이를 나의 욕구로 바꾸는 연습을 해보면 좋습니다. '상사가 제발 간섭 좀 안 했으면' 하는 희망에는 자율성, 신뢰라는 욕구가 있을 수 있고, '친구가 먼저 연락 좀 해줬으면' 하는 기대에는 연결, 소속감을 더욱 느끼고 싶은 바람이 있을 것입니다. '부하직원이 일을 똑바로 했으면 좋겠다'는 내게 '효율성, 협력, 신뢰'라는 욕구가 있다는 것을, '아이가 방을 잘 치우면 좋겠다'는 '질서, 아이의 성장'을 바라는 마음이 있음을 알려줍니다. 욕구는 내면의 바람이지, 다른 사람을 바꾸려는 의도가 아닙니다.

무엇보다 욕구를 찾아 기록한다는 것은 반드시 욕구가 충족되어야 한다는 의미는 아닙니다. 사실 우리가 가진 욕구는 일상에서 충족되지 않는 순간이 더 많습니다. 카페에 혼자 책을 읽으러 왔는데 옆자리 사람들이 크게 떠들 때, '조용히 쉬고 싶다'는 욕구는 채워지기 힘듭니다. 말끔히 정리해 둔 거실을 누군가 어지럽혔다면 '정돈된 공간에 있고 싶다'는 욕구도 충족되기는 어렵겠지요. 하지만 그 욕구를 알아차리는 것만으로도 나의 필요와 감정의 방향을 이해할 수 있고, 때로는 그것만으로도 마음이 조금 가벼워지기도 합니다. 우리가 어려운 일을 겪을 때, 누군가가 "힘들지"라고 건네주는 말 한마디에 기분을 추스르게 되는 것처럼요. 비록 내 욕구대로 모든 상황이 바뀔 순 없지만, 충족되지 못한 내 욕구에 대해서 아쉬워하고 슬퍼해 줄 수는 있습니다.

마지막으로, 욕구는 보통 긍정문으로 표현됩니다. '하고 싶지 않은 것'이나 '피하고 싶은 것'보다는, 내가 '하고 싶은 것', '누리고 싶은 것' 쪽으로 향하는 경우가 많습니다. 예를 들어 "아무것도 하기 싫다"는 말 뒤에는 '충분히 쉬고 싶다'는 욕구가 있을 수 있습니다. "그와 갈등을 피하고 싶다"는 말도 '그와 편안하고 좋은 관계를 맺고 싶다'는 기대로 표현할 수 있습니다. 욕구는 단순히 고통을 피하려는 바람이라기보다 내가 어떤 방향으로 나아가고 싶은지, 무엇을 소중하게 여기는지를 보여줍니다.

> **욕구에
> 머물러보세요.**

　욕구를 찾았다면, 거기서 그치지 말고 잠깐 그 마음을 들여다보고 머물러보세요. 감정이 출렁일 정도로 깊이 바랐던, '인정받고 싶다'거나 '쉬고 싶다'거나 '연결되고 싶다'는 내 마음속 욕구에 말이에요. 존중받고 싶은 욕구에 머물러준다는 것은 '존중받고 싶었는데 그러지 못해서 속상했겠다' 하고 내 편이 되어준다는 의미입니다.

　욕구가 충분히 채워지지 못해 좌절스러운 마음 곁에 서주세요. 누군가가 바라던 바를 이루지 못해 슬퍼하고 있을 때 위로의 말을 건네주듯 말입니다. '잘해내고 싶었는데 결과가 좋지 않아서 속상하지'라고 욕구를 알아주세요.

내가 겪고 있는 어려움은 나에게만 일어나는 일도, 내가 유난히 불운하거나 부족해서 생긴 일도 아닙니다. 무수히 많은 이들이 겪어왔고, 비슷한 상황 속에서 동시대를 살아가는 누구에게나 찾아올 수 있는 고통입니다. 그렇게 생각할 때, 어두운 터널 속에 갇힌 듯한 우리의 시야도 조금은 넓어질 수 있습니다. 그만큼 내 마음은 평안을 얻습니다.

❖ 욕구 찾기 예시 ❖

- 회의에서 아이디어를 말했는데 아무 반응이 없어 속상한 경우

욕구 : 인정, 존중, 소통, 소속감, 기여하고 싶은 바람

= 내 의견을 인정받고 싶은 욕구, 회의에 기여하고 싶은 욕구가 있다는 것을 알아줄 수 있습니다.

- 부서 전체가 야근하는 분위기라 일찍 퇴근하지 못해 답답한 경우

욕구 : 휴식, 여유, 자율성, 균형

= 내 시간은 스스로 선택하고 조절하고 싶다는 자율성과 쉼

의 욕구가 크다는 것을 이해해 줄 수 있어요.

• 친구가 약속을 잊고 아무렇지 않게 넘겨 서운했을 때
욕구 : 신뢰, 소통, 배려, 예측 가능성
= 상대를 신뢰하고픈 바람, 배려를 받고 싶었던 바람을 알아줄 수 있습니다.

• 직장이나 가정, 동호회에서 맡은 일이 많아 분주하고 피로해진 경우
욕구 : 기여, 도움, 자율성, 휴식, 도움, 균형
= 맡은 일을 잘해내 보람을 느끼고 내가 속한 공동체에 기여하고 싶은 바람이 있지만, 동시에 쉼과 도움을 받고 싶은 욕구가 있을 수 있습니다. 또한 내 시간은 내가 선택해서 쓰고 싶다는 자율성의 욕구를 함께 읽어줄 수 있습니다.

욕구까지 찾았다면, 감정과 함께 나란히 적어주세요. 그리고 감정 뒤에 "당연하다"는 말을 붙여주고, 욕구에서 그 이유를 찾습니다. 예를 들어, 모임에 초대받지 못해 서운했다면, "서운함은 당연하다. 소속되고 싶은 욕구가 좌절되었기 때문이다"라고 적어줍니다. 내 의견이 회의에서 무시당해서 속상하다면, "속상함은 당연하다. 존중받고 싶고 기여하고 싶은 욕구가 충족되지

않았기 때문이다"라고 기록합니다. 내가 찾은 감정과 욕구를 연결시켜 보세요.

(   )이라는 감정은 당연하다. 왜냐하면 (   ) 바람이 충족되지 않았기 때문이다.

이는 내 감정과 욕구를 동시에 알아주는 과정입니다. 내게 이 욕구가 중요했고, 그 욕구가 채워지지 못했기 때문에 당연히 이런 감정이 들 수밖에 없었음을 인정해 주는 것입니다. 상담에서는 이를 '타당화 validation'라고 부릅니다. 감정이나 행동을 스스로 받아들이기 어려울 때, 욕구를 기반으로 감정을 이해하고 옹호해 줄 수 있습니다. 감정과 욕구를 알아차리고 인정하는 과정 속에서 나에 대한 신뢰와 자기확신이 두터워질 것입니다.

감정일기, 이렇게 써보세요! ▶ 1단계(상황 기록하기), 2단계(감정 명명하기), 3단계(생각 기록하기), 4단계(욕구 찾기)를 바탕으로 최근 겪은 일과 감정, 생각, 욕구를 기록해 보세요.

1단계 - 상황 기록하기

2단계 - 감정 명명하기

3단계 - 생각 기록하기
〈   〉라는 생각
〈   〉라는 생각

4단계 - 욕구 찾기

_____
_____
_____
_____

(   )이라는 감정은 당연하다. 왜냐면 (   ) 바람이 충족되지 않았기 때문이다.

욕구를 관찰하면 얻게 되는 것들

그 욕구가 나에게 의미하는 것

욕구를 찾은 다음, 찬찬히 살펴보세요. 감정일기의 여러 항목 중에서 욕구야말로 나를 깊이 이해하는 데 큰 도움이 됩니다. 이 욕구가 내게 어떤 의미가 있는지, 왜 나에게 중요한지 묻고 탐색하다 보면 내가 어떤 사람인지 보다 명확히 그려집니다.

K는 올해 맡았던 중요한 프로젝트에서 기대만큼의 성과를 내지 못했고, 상사는 실망한 눈치였습니다. K는 회사에서 인정받지 못했다는 생각에 수치스럽고 무기력해졌습니다. 그는 '인정받고 싶다'는 욕구에 대해 가만히 생각해 보았습니다. '인정받고 싶다는 욕구가 나한테 어떤 의미지?' 스스로에게 묻자, 문득 이런 생각이 떠올랐습니다. '그래야 내가 이들에게 필요한 사람이 될 테니까.' K는 의식하지 못했지만, 오래전부터 이러한 신념을 가지고 있었습니다. '인정받아야만 이곳에 필요한 사람이 될 수 있다'는 믿음입니다.

다시 한번, '이 믿음은 내게 어떤 의미일까?'라고 자신에게 물었습니다. 그러자 마음속 두려움 하나가 떠올랐습니다. '쓸모없는 사람으로 보이면, 사람들이 나를 불편해하지 않을까? 함께 있기를 꺼리지는 않을까?' 이 두려움은 뒤집어 보면, 결국 타인에게 받아들여지고 싶다는, '수용'에 대한 깊은 욕구와 연결되어 있었습니다. 그제야 비로소, 내가 진짜로 바라는 것이 무엇인지 조금 더 분명해졌습니다.

K의 사례에서 볼 수 있듯이 어떤 일로 유독 절망스럽거나 희열을 느낀다면, 당시의 욕구가 나에게 그만큼 중요하다는 의미일 것입니다. '그 욕구가 나에게 의미하는 것'이 무엇인지 거듭 질문해 보세요. 그리고 솔직하게 적어보세요.

_____

_____

_____

_____

_____

_____

욕구가 충족된 장면 상상하기

먼저 감정일기를 쓰면서 발견한 욕구를 들여다보세요. 그중 내 마음과 가장 가깝게 느껴지는 욕구 하나를 골라봅니다. 그리고 잠시 눈을 감고 깊은 호흡을 해봅니다. 길게 들이마셨다가 한참을 머금고, 다시 길게 내쉬어 봅니다. 대여섯 차례 호흡이 들고 나는 것에 집중한 다음, 내게 중요한 그 욕구를 다시 떠올려 봅니다.

그리고 그 욕구가 완전히 채워졌을 때의 상황을 상상해 보세요. 어떤 장면이 떠오르나요? 같은 욕구라도 사람마다 떠오르는 배경과 느낌, 분위기는 다릅니다. '자유'라는 욕구에 대해 어떤 사람은 푸른 들판을 맨발로 뛰어다니는 자신을, 또 다른 사람은 따스한 햇살이 창틈으로 쏟아져 들어오는 방 안에서 쿠션에 기대 책을 읽는 모습을 떠올렸습니다. '친밀감'이라는 욕구가 중요했던 사람 중에는 아이들과 보드게임을 하며 깔깔 웃는 장면을 상상한 사람도 있었고, 조용한 저녁 오랜 친구와 말없이 함께 앉아있는 모습을 그린 이도 있었습니다.

눈을 감고, 내가 중요하게 생각하는 욕구가 완전히 충족되었을 때의 장면을 상상해 보세요. 그 이미지를 떠올렸을 때 나는 어떤 느낌이 드나요?

워킹맘 H는 '자유'라는 욕구가 채워진 장면을 "내가 원하는 시간과 장소에서 내가 원하는 휴식을 누리는 모습"이라고 적었습니다. 그는 어린아이들을 보살피고 직장에 다니면서 늘 누군가의 요청에 맞춰 일을 해내느라 정작 자신이 원하는 것을 할 수 있는 시간이 부족하다고 느꼈습니다. 자신이 원할 때 원하는 곳에 있을 수 있는 자율성, 시간을 통제하고 싶은 욕구가 채워지지 않았던 것입니다. 이처럼 욕구가 채워진 장면을 구체적으로 그려보는 과정을 통해 지금 내가 무엇이 필요한 상태인지 확인할 수 있습니다.
　H는 욕구가 충족된 상황을 머릿속에 그려보는 것만으로도 얼굴에 미소가 떠오르고, 마음이 한결 가벼워지며 몸의 긴장이 풀리는 게 느껴졌습니다. 이것이 가능한 이유는 뇌의 독특한 특성 덕분입니다. 때때로 뇌는 실제 경험과 상상한 경험 간의 차

이를 명확히 구분하지 않기 때문에, 상상 속 경험에도 실제와 매우 유사한 방식으로 반응합니다.[16] 그래서 비록 욕구가 충족되지 않은 현실은 그대로이더라도, 상상을 통해 마음 상태가 달라질 수 있습니다.

욕구 애도하기

무엇보다 현실에서 충족되지 못한 욕구를 충분히 애도하는 시간을 가져보세요. 충분히 애도한 욕구는 그제야 우리 마음에 더 이상 아쉬움을 남기지 않고 떠날 수 있습니다. 제 역할을 다했기 때문입니다. 그 역할이란 지금 나에게 무엇이 필요한지를 알려주는 일이었을 거예요. 현실에서 충족할 수 있는 방법을 찾는 것은 그 다음에 할 일입니다.

D는 사춘기에 접어든 딸과 예전처럼 친밀감을 나누기 어려워지면서 서운한 순간이 많아졌습니다. 그는 잃어버린 '친밀감'이라는 욕구에 집중해 보았습니다. 딸과의 관계가 더 이상 자신이 바라는 모습이 아니라는 사실이 아프게 느껴졌습니다. 이러한 현실과 상실감, 슬픔의 감정도 그대로 받아들이고 품어보았습니다.

비록 원하는 방식대로 욕구를 채울 수는 없지만, '친밀감'이 자신에게 중요한 욕구라는 것은 충분히 알아줄 수 있습니다. 나에게 중요할수록 상실의 아픔은 깊습니다. 왜 이렇게 친밀감을 원하느냐고 스스로를 탓하지는 마세요. 감기에 걸렸을 땐 휴식이 필요하고 추운 날엔 온기가 필요하듯, 나 역시 지금 그런 필요가 있는 상황일 뿐입니다. 이 마음을 그대로 인정해 주세요.

그리고 욕구를 채울 수 있는 방법을 찾아봅니다. 딸과 자기가 함께 만족할 수 있는 최소한의 시간을 마련해 보거나, 자신이 바라는 형태의 친밀감을 다른 관계 속에서 채워볼 수도 있습니다.

'자유롭게 원하는 쉼을 누리고 싶은 욕구'가 중요했던 H는 멀리 여행을 떠나거나 하루 종일 모든 책임에서 벗어나 쉬는 것으로 그 욕구를 채울 수도 있습니다. 하지만 현실적으로 어렵다면, 하루에 단 10분이라도 내가 원하는 방식으로 마음껏 쉴 수 있는 시간을 만들어볼 수 있습니다. 10분이라는 시간이 턱없이 부족해 보이지만, 그 정도로도 마음의 온도는 달라지기도 합니다. 시간의 절대적인 양보다 그 시간을 얼마나 밀도 있게 보냈는지, 내 마음 상태를 얼마나 알아차리며 경험했는지가 더 중요할 때가 많습니다. 주도적으로 내 욕구를 채우기 위해 집중하는 시간을 의식적으로 마련해 보는 것만으로도 기분이 조금은 가벼워집니다. 작지만 확실하게 내 마음을 돌보는 순간이니까요.

결국 욕구를 살펴본다는 것은 욕구를 알아주는 과정이자 잘 떠나보내는 여정과도 같습니다. 나에게 그런 필요가 있다는 사실을 인정하고, 실현되지 못한 현실을 충분히 슬퍼할 때, 오히려 다른 방식으로 그 필요를 채워갈 힘이 생깁니다.

한국비폭력대화센터의 '욕구 목록'

- **자율성**

자신의 꿈, 목표, 가치를 선택할 수 있는 자유

자신의 꿈, 목표, 가치를 이루기 위한 방법을 선택할 자유

- **신체적/생존**

공기, 음식, 물, 주거, 휴식, 수면, 안전, 신체적 접촉(스킨십), 성적 표현, 따뜻함, 부드러움, 편안함, 돌봄을 받음, 보호받음, 애착 형성, 자유로운 움직임, 운동

- **사회적/정서적/상호의존**

주는 것, 봉사, 친밀한 관계, 유대, 소통, 연결, 배려, 존중, 상호성, 공감, 이해, 수용, 지지, 협력, 도움, 감사, 인정, 승인, 사랑, 애정, 관심, 호감, 우정, 가까움, 나눔, 소속감, 공동체, 안도, 위안, 신뢰, 확신, 예측 가능성, 정서적 안전, 자기보호, 일관성, 안정성

- **놀이/재미**

즐거움, 재미, 유머, 흥

- **삶의 의미**

기여, 능력, 도전, 명료함, 발견, 보람, 의미, 인생예찬(축하, 애도), 기념하기, 깨달음, 자극, 주관을 가짐(자신만의 견해나 사상), 중요하게 여겨짐, 참여, 회복, 효능감, 희망, 열정

- **진실성**

정직, 진실, 성실성, 존재감, 일치, 개성, 자기존중, 비전, 꿈

- **아름다움/평화**

아름다움, 평탄함, 홀가분함, 여유, 평등, 조화, 질서, 평화, 영적 교감, 영성

- **자기구현**

성취, 배움, 생산, 성장, 창조성, 치유, 숙달, 전문성, 목표, 가르침, 자각, 자기표현, 자신감, 자기신뢰

감정일기
5단계.

행동과 결과

기록하기

> **주도적 삶은 선택과 결과를
> 평가하는 데서 시작됩니다.**

충동적으로 행동한 뒤 후회하는 일이 반복된다면, 그때의 행동과 결과를 함께 기록해 보는 것이 도움이 됩니다. 상담에서 분노 조절에 어려움을 겪는 내담자들을 도울 때에도 이러한 기록 방법을 자주 활용합니다. 매일 화가 났던 상황을 돌아보고, 그때 어떤 행동을 했는지, 그리고 그 결과로 상황이 어떻게 전개됐는지를 구체적으로 적는 것입니다. 예를 들어, 지하철역에서 화가 난 일이 있었던 경우, '출근길 지하철역에서 누군가 밀치고 지나갔다'는 상황, '큰 소리로 따졌다'는 나의 행동, 결국 '다툼으로 이어져 지각을 했다'는 결과로 기록할 수 있습니다.

> **반응 패턴을
> 관찰해 보세요.**

'행동과 결과 기록하기'의 장점은 감정이 격해지거나 갈등이 발생했을 때 우리의 반응 패턴을 파악할 수 있다는 것입니다. 한 주 동안의 기록을 돌아보면서 주로 어떤 상황에서 화가 나고, 또 어떤 방식으로 반응하는지 알 수 있습니다.

기록을 살피다 보면, 우리가 갈등 상황에서 놀라울 정도로 비슷한 방식으로 행동한다는 사실을 발견할 수 있습니다. 어떤 사람은 화가 나면 즉시 감정을 드러내고, 또 다른 사람은 갈등을 무조건 회피하거나 부정적인 감정을 억누른 채 참고 넘기는 경향을 보입니다. 이러한 반응 자체가 문제는 아닙니다. 그 방식이 문제가 되는 상황이 있고, 그렇지 않은 상황이 있을 뿐입니다.

예를 들어, 화를 표현하지 않고 참는 방식이 도움이 되는 상황도 있습니다. 직장에서 상사에게 부당한 지적을 받았을 때, 일단 상사의 감정이 가라앉을 때까지 참았다가 나중에 대화로 오해를 풀어 상황을 잘 넘기기도 합니다. 반대의 상황도 있습니다. 가족이 일방적으로 휴가 일정을 정해버려 화가 났을 때, 감정을 눌러 아무 말도 하지 않고 넘어갔다가 결국 상한 마음이 쌓여 폭발해 버릴 수 있습니다. 이런 결과는 내가 기대했던 방향은 아닐 것입니다.

이와 같이 행동과 결과를 기록하는 것을 통해 내가 어떤 반응을 주로 하는지, 그 반응 방식이 어떤 상황에서 나에게 도움이 되고 또 해가 되는지를 객관적으로 살펴볼 수 있습니다. 나아가, 비슷한 상황이 다시 발생했을 때 어떻게 표현하는 것이 더 효과적일지를 미리 예상해 볼 수도 있습니다.

화가 났을 때뿐 아니라, 다른 감정을 느낄 때도 반응 패턴을 확인해 볼 수 있습니다. 예를 들어, 불안하거나 울적하거나 외로운 상황에서 나는 주로 어떤 행동을 했나요? 거의 자동적으로 반복하게 되는 반응도 있을 것입니다. 누군가는 외로움이 엄습하면 곧장 컴퓨터를 켜서 일을 시작하고, 어떤 사람은 불안해지면 유튜브부터 열어봅니다. 우울해지면 생각나는 친구에게 메시지를 보내거나, 반대로 연락을 미루는 사람도 있습니다. 이러한 행동을 했을 때 그 결과가 얼마나 만족스러웠는지를 돌아본다면, 앞으로 비슷한 감정을 느낄 때 어떤 행동을 선택할지 더 의식적으로 결정할 수 있을 것입니다.

**나의 선택을
살펴보세요.**

지지부진한 관계나 반복되는 갈등, 혹은 자꾸 후회하게 되는 일이 있다면, 그 상황에서 내가 왜 그런 행동을 했는지 기록해 보는 것도 도움이 됩니다. 우리는 나름의 이유로 어떤 행동을 선택하고 있습니다.

예를 들어, 일을 미루는 습관이 반복된다면, 내가 일을 미루는 행동을 선택하는 순간 그 이유가 되는 욕구가 있었을 것입니다. '쉬고 싶다'거나 '마음이 편하고 싶다'와 같은 욕구 때문에 '일을 미루고 쉬는 행동'을 한 것이지요. 욕구를 찾았다면, 선택의 결과가 어땠는지까지 기록해 봅니다. 일이 더 쌓여서 부담이 커졌을 수도 있고, 오히려 휴식을 통해 에너지를 회복하면서 일을 할 의욕이 생겼을 수도 있습니다. 어떤 것이 내게 더 큰 만족감을 주고 효율적으로 삶을 관리할 수 있게 하는지, 결과를 평가해 보면서 원하는 행동을 찾아갑니다.

특히 '어쩔 수 없이' 하고 있는 일이 있다면, 나의 욕구를 살펴볼 수 있는 기회입니다. 이런 상황에서는 보통 여러 욕구가 충돌하고 있을 가능성이 높습니다. 쉬고 싶은데 친구가 도움을 요청할 때, 상사의 의견에 동의하지 않지만 말을 꺼내기 망설여질 때, 집중해야 할 일이 있는데 모임에 가야 할 때와 같은 상황입니다. 우리는 흔히 '어쩔 수 없이 친구를 도왔다', '상사에게 말을 꺼낼 수 없었다', '억지로 모임에 나갔다'고 생각하기 쉽지만, 사실 그 순간에도 우리의 욕구 중 하나를 선택한 것입니다.

예를 들어, 피곤해서 쉬고 싶은 주말에 친구가 부탁을 해왔다면, '쉬고 싶은 마음'과 '친구를 돕고 싶은 마음'이 부딪힙니다. 친구의 청을 들어주었다가 결국 지쳐 녹초가 되어 집에 돌아왔다면, '친구 때문에 제대로 쉬지 못했다'고 느낄 수도 있습니다. 분명 친구를 배려하고 싶어 선택한 일이었는데, 어쩔 수 없이 억지로 한 일처럼 여겨집니다. 내가 무엇을 선택했는지 분명히 보이지 않는다면 내가 어떤 이유로 그 행동을 했고, 결과가 어떠했는지 기록해 보세요.

그리고 내가 한 선택을 평가해 봅니다. 친구를 돕느라 제대로 쉬지 못했기 때문에 친구의 부탁을 들어준 선택을 후회하나요? 혹은 몸은 피곤했지만, 그럼에도 친구를 돕는 일이 내가 중요하게 생각한 일이었나요? 그 행동 후에 어떤 결과를 얻게 되었는지, 결과에 만족하는지 살펴보면 내가 가지고 있던 욕구가 보다 선명히 보이기도 합니다.

친구를 도왔을 때 뿌듯했고 관계가 더 가까워져서 만족스러웠다면, 비록 쉬지 못해 몸이 힘들었더라도, 그 선택은 친구를 배려하고 싶은 내 욕구를 따른 행동으로 볼 수 있습니다. 즉 친구를 돕는 일은 억지로 한 것이 아니라 '내가 원하는 행동을 한 것'으로 바라보게 됩니다.

그렇게 관점을 바꾸면, 다음에 비슷한 상황이 생겼을 때 내 마음속 진짜 바람이 무엇인지 더 분명히 알 수 있게 됩니다. 또한 어떤 선택을 할지는 결국 나에게 달려있다는 사실도 더 뚜렷해집니다.

이처럼 일상 속 선택이 끌려가듯 억지로 한 일이 아니라 내가 원해서 한 결정이라는 점을 확인할 때, 삶을 주도적으로 이끌어가고 있다는 감각을 쌓아갈 수 있습니다. 또한 지금의 선택이 내가 원하는 방향과 다르다면, 다음에는 더 나은 선택을 해보려는 용기가 생깁니다. 이 모든 것은 결국 내가 바라는 삶에 조금씩 가까워지도록 일상을 다듬어가는 과정입니다.

아래 예시를 참고하여 내가 어떤 행동을 했는지, 그리고 그 행동의 결과로 상황이 어떻게 바뀌었는지 적어보세요.

❖ 행동과 결과 기록하기 예시 ❖

상황 : 업무 보고 기간이라 할 일이 많았지만, 오랜만에 친구들이 모인다고 불렀다. 내키지 않았지만 거절하지 못하고 나갔다.

감정 : 부담감, 후회

욕구 : 친구들과의 유대와 소속, 친구의 기분을 배려하고 싶

음, 맡은 일에 책임을 다하고픔, 업무를 끝내고 여유를 갖기를 바람
행동 : 거절하지 못하고 모임에 나감
결과 : 친구들과 함께 시간을 보내긴 했지만 부담감 때문에 충분히 즐기지 못했음. 업무가 밀렸음.

예시에서 유대와 배려의 욕구는 충족되었지만, 업무가 밀리는 바람에 유능함이나 성취에 대한 욕구는 채워지지 못했습니다. 내가 바라는 결과였는지 생각해 보고, 다음에 행동을 선택할 때 참고해 볼 수 있습니다.

❖ 나의 행동과 결과 기록하기 ❖

상황 :

감정 :

욕구 :

행동 :

결과 :

이런 분께, 감정일기를 권합니다 1.
나도 내 마음을 잘 모르겠을 때

　L은 자기 마음을 이해할 수 없었습니다. 하루에도 여러 번 찔리고 아픈데, 그 마음이 화가 난 건지 억울한 건지 슬픈 건지 알 수 없어 답답했습니다. 감정을 이해한다는 것은 어려운 수학 문제를 푸는 것 같았습니다. 특히 누군가를 만나고 오는 날에는 더 그랬습니다. 사람들 사이에서 긴장하느라 이미 진이 빠져있는데, 여전히 누군가의 어색하게 굳어지던 표정이 어떤 의미가 있는지, 내 대답이 맥락에 어긋나진 않았는지, 괜한 이야기를 한 것은 아닌지 생각을 멈출 수 없어 괴로웠습니다.

　그런 날은 가족들과 이야기를 나누는 것도 버거워 방문을 굳게 닫고 방 한쪽에 종일 쪼그려 앉았습니다. TV를 보고 쇼핑을 하며 혼자 시간을 보내고 나면 조금 낫다가도 어떤 날은 두통이 생기거나 갑자기 배가 아프기도 했습니다.

　L은 누군가와 감정을 이야기해 본 적이 별로 없습니다. 어릴 때도 부모님은 L의 이야기를 들어줄 만한 여유가 없었고, 남동생과도

수다를 떨 만큼 가깝지 않았습니다. 어쩌다 짜증 난다거나 지쳤다는 마음을 털어놓으면, 식구들은 '그 정도 일로 힘들어하면 되냐', '더 열심히 해보라'는 조언을 건넸습니다. 그러다 보니 점점 감정을 입 밖으로 꺼내는 일이 줄어들었습니다.

초등학교 때 은근한 따돌림을 겪은 후로는 더욱 마음을 이야기하는 일이 두려워졌습니다. 친구를 사귀기도 힘들었지만, 관계가 시작된 후에도 늘 적당한 거리를 지키며 지냈습니다. 또다시 상처받고 싶지 않았기 때문입니다. 그나마 친한 친구는 '적당한 거리'를 지켜주는 친구였어요. 고민을 털어놓긴 했지만 모두 적당한 수준에서였습니다. 깊은 고민이나 숨기고 싶은 이야기는 굳이 말하지 않아도 되는, '편안한' 관계였습니다.

L은 업무 스트레스가 심해져 한동안 힘든 날을 보냈습니다. 직종을 바꿔야 하는 게 아닌지 진로에 대한 고민까지 더해지자 늘 표정이 침울해 있었습니다. 하지만 스스로 얼마나 스트레스를 받고 있는지, 어떤 마음인지도 알아차리지 못한 채 여러 달이 흘렀어요. 그러다가 어깨와 목에 심한 통증이 생겼습니다. 응급실에서 만난 의사는 정신건강의학과 방문을 권유했고, L은 망설임 끝에 병원을 찾아갔습니다.

의사가 L에게 '기분이 어떠냐'고 묻는데, 눈물만 흐르고 기분을 어떻게 이야기해야 할지 몰라 한참을 헤맸습니다. 어린 시절 행복했던 기억이나 화가 났던 순간에 대해 묻는 물음에도 얼른 답을 하지 못했습니다. 이 정도로 힘들다고 해도 되는지, 화가 났다고 이야기할 수 있는지 확신이 안 들었거든요. 어린 시절의 모든 기억이 흐릿하고 뿌옇게 느껴졌습니다. 스트레스를 받을 때마다 늘 모호하고 가늠이 되지 않아 답답했던 자기 마음처럼요.

    L은 감정일기를 쓰기 시작했습니다. 처음에는 감정을 찾는 것도 힘들었습니다. 마음을 들여다보는 것 자체도 피하고 싶어 처음 몇 번 시도한 후 한동안 쓰기를 멀리했어요. 감정이 맞는지 헷갈리고, 욕구와 생각이 뒤섞여 혼란스러웠습니다.

    그래서 처음에는 신체 감각부터 시작했습니다. 구분이 잘 되지 않는 감정보다 가슴이 뛰거나 열이 나거나 호흡이 가빠지는 것과 같은 신체 감각은 조금 더 선명하게 느껴졌습니다. 신체적으로 느껴지는 감각을 따라가며 글로 옮겼을 뿐인데도 가슴이 조여 오는 느낌이나 머리가 묵직한 느낌, 고동치던 심장이 조금씩 가벼워지는 듯 느껴졌습니다.

    자기 감각에 귀를 기울이고 집중하는 시간이 늘어나면서 그 감각과 관련된 감정까지 추측해 보기 시작했습니다. 시간이 오래 걸릴 때도 많았어요. 어쩌다가 한 가지씩 감정이 짚어졌습니다. '이렇게 어깨가 저릿한 거 보면 내가 긴장하고 있는 것 같네', '머리가 아프고 심장이 두근거리는 걸 보니 뭔가 걱정되는 게 있나 보네', '어제 일이 떠오르면서 가슴이 답답한 걸 보니 속상했나 보네'와 같이 긴장감, 후회, 걱정, 슬픔 등의 감정을 떠올려볼 수 있었어요. 감각은 감정이라는 섬으로 건너가는 징검다리가 되어주었습니다.

감정일기가 익숙해진 뒤로는, 툭 하면 내뱉던 '짜증 난다'는 감정 대신 상황에 따라 다른 감정을 넣어보았습니다. 친구가 약속한 날짜를 어겼을 때 '서운한', 제출한 보고서가 반려되었을 때는 '실망스러운', 며칠간 야근이 이어졌을 때는 '지친'과 같은 감정으로 명명하여 써보는 연습을 했습니다.

하루는 어머니와 통화 후 괜히 마음이 무거워져서 감정일기를 펼쳐 들었습니다. 통화 내용은 평소와 다를 것이 없었습니다. 밤길이 위험하니 늦게 다니지 말라는 조언이나 밥 꼬박꼬박 잘 챙겨 먹어라, 술은 줄이라는 말까지…… 모두 자신을 위한 이야기였지만 그 모든 말이 무겁게 느껴졌어요. '부담스럽다'라는 단어가 튀어나왔습니다. 그 감정과 만나는 순간, 마음이 훅 이해받는 듯 느껴졌어요. 감정이 구체화될수록 속이 후련해졌습니다.

무엇보다 내 감정을 정확히 이해하는 과정을 통해 나에 대한 흐릿했던 이미지가 명료해졌다는 게 가장 큰 소득이었습니다. 기록하는 것만으로도 나만의 논리로 마음 상태를 정리해 보는 셈이어서 마음이 좀 더 또렷하게 느껴졌습니다. 무엇이 싫고 좋은지, 어떤 생각 때문에 기분이 처졌는지, 내가 원하는 게 무엇인지 답변할 수 있는 때가 늘어갔어요. 나를 이해할수록 스스로 못 미더웠던 마음도 차츰 신뢰로 바뀌어갔습니다.

이런 분께, 감정일기를 권합니다 2.
감정이 자주 격해진다면

 K는 감정이 버거웠습니다. 한 번 화가 나면 집중이 어렵고 일도 손에 잡히지 않았습니다. 회사에서 상사의 부당한 지시에, 동료의 날카로운 표정에, 부하 직원의 무례한 태도에 마음에는 자주 분노가 들어찼습니다. 특히 몇 날씩 야근해 가며 애쓴 프로젝트에서 상사가 자기 성과를 인정하지 않고 무시한다고 느껴질 때는 숨 쉬기가 힘들 정도로 화가 나기도 했습니다. 그런 날에는 집에 돌아오는 길도 물이 가득 찬 양동이를 이고 걷는 기분이었어요. 양동이의 물이 출렁이며 넘쳐흐를 때마다 K의 마음도 힘껏 휘청이는 듯했습니다.

 아이가 말을 안 듣는 날은 K의 감정 버튼이 마침내 눌리는 날이었습니다. K는 집에 아무렇게나 벗어놓은 양말이며 가방을 보고 아이에게 "엄마가 잘 챙겨놓으라고 했지!"라고 일렀어요. 아이는 잔뜩 화가 난 눈빛으로 가방을 홱 낚아채어 방으로 들어가 버렸습니다. 물론 잔소리하는 말이 부드럽게 나갔을 리가 없었어요. 그렇지만 이렇게까지 화낼 일인가요. 자기가 잘못해 놓고. 더 부아가 나서 방문을 벌컥 열었어요. "지금 엄마한테 태도가 그게 뭐야!"

이렇게 아이에게 한껏 소리를 지르고 나면 씁쓸함이 더욱 크게 밀려왔습니다. '내가 지금 잘못 살고 있는 것 같다'는 밑도 끝도 없는 괴로운 생각이 덮쳐들었어요. 잘못된 것을 바로잡고 싶은데, 어디부터 손봐야 할지 막막했습니다. 회사에서는 부족한 직원, 집에서는 나쁜 엄마처럼 느껴졌습니다. 마음이 답답하고 우울한 기분을 점점 더 자주 느끼던 중 K는 감정일기를 써보기로 했습니다.

처음에는 상황을 기록할 때도 자꾸 감정과 생각이 끼어들어 더 화가 나기도 했습니다. '저번에도 그러더니 또 그랬다', '이제는 대놓고 무시한다', '지긋지긋하다'와 같은 말이 섞여 들어가니 더욱 힘들어졌어요.

그래도 겨우 일기를 한 편 완결한 날은 부글거리던 마음이 한풀 꺾이곤 했습니다. 물론 어떤 날은 별다른 소득이 없는 것처럼 느껴졌지만, 이따금씩 화가 나고 마음이 답답할 때마다 찾던 맥주만큼이나 마음이 진정되는 무언가가 있었습니다. 아이마저 "엄마가 요즘 화를 덜 낸다"라고 말할 정도로요.

화가 나는 일이 수십 가지는 된다고 생각했는데, 일단 가장 화가 난 일 하나에 집중해서 써 내려가는 것부터 마음을 하나씩 정렬해 보는 효과가 있었습니다. 상황을 다시 복기하고 언어로 펼쳐놓는 과정에서 '뭣 때문에 이렇게 열이 받는지 모르겠다'고 씩씩거렸던 K의 마음속이 조금은 차분해졌습니다.

생각을 덜어내고 객관적인 내용으로만 남기려 애쓰는 과정도 도움이 되었습니다. "A는 사람들 앞에서 내가 어제 한 말을 두고 비웃었다", "팀장은 평소 나를 못마땅해하더니, 이번에 나를 프로젝트에서 빼버렸다" 라는 내용의 글을 쓰기만 해도 다시 심장이 빠르게 뛰면서 화가 솟구쳤습니다. 하지만 감정일기를 쓰면서 '비웃었다', '나를 못마땅해해서 그랬을 것이다'는 나의 생각이자 추측일 뿐이라는 사실을 깨달았습니다. 확인되지 않은 내 추측에 가로로 취소선을 쭉 그었습니다. 생각을 덜어내 보니 정작 남는 것은 A의 웃는 표정, 팀장의 업무 지시 내용과 같은 건조한 사실뿐이었습니다.

A가 내 이야기가 재미있어서 다른 사람에게도 전하고 싶었을 수도, 팀장이 나를 다른 프로젝트에 배정했기 때문이었을 수도 있는데, 'A의 비하하려는 의도'나 '팀장의 개인적인 감정'처럼 내가 상황을 해석하여 색을 입혔기 때문에 더 화가 났던 것이었습니다. 생각과 사실을 분리하여 기록하니 상황을 새로운 시각에서 바라볼 수 있게 되면서 분한 마음이 한결 가라앉았습니다.

마음을 보다 명료하게 볼 수 있다는 점도 새로웠습니다. 감정일기에서 가장 핵심적인 과제는 그 상황에서의 감정과 욕구를 각각 찾아서 기록하는 것입니다. 화가 난 이유에만 골몰할 때에는 나를 괴롭게 한 상황이나 사람에 집중하느라 잘 보이지 않았습니다. 감정과 욕구에 주목하니 그제야 내 마음이 눈에 들어왔습니다. '화가 났다', '서운했다'와 같은 내 감정을 찾아주는 순간도, 내가 바랐던 '존중받고 싶다', '공평했으면 좋겠다'와 같은 욕구를 찾아주는 시간도 내 마음을 내가 알아주는 것 같아서, 또 그만큼 내 마음에 그럴만한 이유가 있었다는 걸 인정받는 것 같아서 좋았습니다. 조금은 괜찮은 사람이 된 것 같은 느낌도 나쁘지 않았어요.

상사가 K를 무시한 사건도 "여러 번 검토 후 최종 보고서를 제출했는데, 상사가 다시 확인해 보라고 반려했다"는 상황을 적고, "화가 났다"는 감정, "〈나를 무시한다〉는 생각"을 차례로 기록했습니다. 욕구에 이르자, 무엇 때문에 화가 났는지 조금 더 와닿았어요. '인정받고 싶은 바람'이었습니다. 내가 바라는 것은 노력한 만큼 상사에게 인정받는 것이었어요. 그 마음을 알아주니 마음속 가득 찼던 증기가 스르르 빠져나가는 기분이었습니다. 감정이 가라앉으니 상사에게 내가 점검한 부분을 더 잘 전달할 수 있는 방법도 생각해 보게 되었습니다.

이제 K는 감정이 격해질 때면 심호흡을 한 번 하고 감정일기를 펼치고는 합니다. 감정일기를 쓰고 나면, 끓어오르는 냄비에 찬물 한 컵을 끼얹듯 마음의 온도가 조금씩 내려갑니다.

감정일기
6단계.

감정일기로

'진짜 나'를
발견하는 법

감정일기를 돌아보면 내가 보입니다.

감정일기를 쓰면서 그때그때의 마음을 정리하고 지나가는 것도 좋지만, 한번쯤 두 주 혹은 한 달간의 기록을 돌아보기를 권합니다. 그 기록은 어쩌면 나에 대한 가장 정직하고 고유한 자료일지 모릅니다. 나에 대해 미처 몰랐던 부분을 새롭게 발견하고, 다른 관점으로 바라보게 되기도 합니다.

주로 어떤 관계에서, 어떤 일로 감정이 격해지나요. 상사와의 관계에서 혹은 부모나 친구와의 관계에서 언짢아지는 경우가 많은지, 계획대로 일이 되지 않고 변수가 생겼을 때, 혹은 해야할 일이 과도하게 많아질 때 기분이 다운되는지, 뿌듯하고 기분이 좋아지는 때는 언제인지, 나의 감정 패턴을 찾아보세요. 감정일기를 되돌아보던 내가 자주 목말라하는 '욕구'는 무엇인지도 확인해 볼 수 있습니다.

※ **감정 패턴 찾기**

감정일기를 돌아볼 때, 가장 자주 느끼는 감정은 무엇이었나요? 분노, 서운함, 슬픔과 같은 감정이 자주 보인다면, 주로 어떤 욕구가 좌절되었을 때 화가 나거나 슬픈지도 살펴보세요. 내 마음을 자주 자극한다는 것은 그만큼 어떤 욕구를 충족해 달라는 신호를 계속 보내고 있다는 의미입니다. 요즘 내게 자주 찾아오는 감정과 욕구는 무엇인지 확인해 보세요.

❖ 자주 느끼는 감정과 욕구 ❖

감정 :

욕구 :

즐거움, 만족, 평안함과 같은 감정이 나타나는 때도 주목해 보세요. 주로 어떤 상황에서 이런 유쾌한 기분을 느끼나요. 오랜만에 마음에 드는 책을 읽었을 때, 밤늦게 가족들과 둘러앉아 치킨을 먹을 때, 친구에게 고민을 들어줘서 고맙다는 인사를 들었을 때, 사소하지만 분명한 기쁨과 편안함을 느꼈던 순간들이 있습니다. 훗날의 나를 위해 이 순간을 잘 스크랩해 둡니다. 포스트잇을 붙여두거나 따로 목록으로 만들어두어도 좋습니다.

이러한 순간들은 '기분 치료제'와 같습니다. 언젠가 기분이 가라앉거나 울적해지려 할 때, 마음을 돌보는 처방전 삼아 하나씩 꺼내 쓸 수 있습니다. 이렇게 사소해 보이는 행동이 부정적인 감정의 흐름을 끊고, 가라앉은 마음을 조금씩 다시 떠오르게 해줍니다. 실제로 이는 우울증에 특히 효과적인 치료법으로 '행동 활성화 기법behavioral activation therapy'이라고 불립니다.[17]

이 기법을 잘 활용하려면, 언제 기분이 좋아지는지 잘 알아야 합니다. 행동 활성화 치료에서는 '일상 활동 모니터링'이라는 과정을 통해 일상 속에서 기분이 좋아지는 행동들을 먼저 기록해 보도록 합니다. 우리는 이미 감정일기를 쓰면서 모니터링을 마친 셈입니다. 이 행동들은 미래의 내가 감정을 조절할 수 있도록 돕는 도구가 되어줄 것입니다. 그 보물 같은 순간들을 찾아 옮겨 적어보세요.

❖ 기분 좋았던 순간들 ❖

※ **욕구 패턴 찾기**

　가장 자주 경험하게 되는 욕구는 무엇인가요? 최근의 기록에서 많이 등장하는 욕구를 살펴보세요. 비슷한 욕구는 묶어보아도 좋습니다. 인정, 존중, 배려, 유대와 같이 사회적 상호작용과 관련된 욕구, 성장, 배움, 자각과 같은 보다 나은 내가 되는 것과 관련된 욕구, 예측 가능성, 평온, 휴식, 안전, 통제감과 같이 안정과 안전에 대한 욕구, 이런 식으로요.

어떤 분들은 '유대'나 '친밀감', '연결'의 욕구가 충족될 때 유난히 기분이 좋습니다. 팀원들과 서로 도우며 함께 성과를 만들어낼 때, 지친 오후 남편이 어깨를 주물러줄 때, 수학여행을 다녀온 딸이 이런저런 선물을 세심하게 챙겨줄 때 설레고 연결된 기분을 느낍니다. 한편, 팀원들이 도와주지 않아 혼자 남아 업무를 몰아 했을 때, 오랜만에 가족과 시간을 보내려고 이야기를 꺼냈는데 시큰둥한 반응일 때, 친구에게 진지하게 고민을 털어놨는데 건성으로 답할 때 외롭고 서러운 마음이 듭니다.

누군가는 성취, 배움의 욕구가 충족되었을 때 자주 흥분하는 자신을 발견하기도 합니다. 새로운 업무를 익혔을 때, 막막했던 일을 말끔하게 해냈을 때, 늘 어려웠던 일을 보다 능숙하게 해내는 자신을 발견했을 때 뿌듯함을 크게 느낍니다. 애써 노력한 일의 성과가 미미할 때, 본인이 성장하고 있지 못하다는 생각이 들 때, 시간을 들여 수강한 강의가 만족스럽지 못할 때 괴롭고 화가 납니다.

반복되는 욕구는 내가 삶에서 무엇을 중요하게 여기는지 알려줍니다. 아마 지금까지 시간과 에너지를 많이 써왔던 일일 것입니다. 관계에 애쓰고, 성장하기 위해 노력하고, 미래를 위해 대비해 온 것과 같이 내가 마음을 쏟았던 영역입니다. 곧 내 삶이 어디로 향해 가고 있는지 보여주는 이정표에 가깝습니다.

다만 그 욕구가 반복해서 좌절될 때, 너무 하나의 방식으로 욕구를 채우려 하고 있지는 않은지 돌아볼 수 있습니다. 예를 들어, '인정받고 싶은 욕구'를 채우기 위해 꼭 직장 상사처럼 특정한 누군가의 칭찬이 필요한 것은 아닙니다. 동료의 지지나 가족의 격려 한마디, 스스로에게 고마워하는 마음으로도 욕구를 충족시켜 줄 수 있습니다. '성취' 욕구도 마찬가지입니다. 크고 눈에 띄는 성공이 아니어도, 하루 동안 해야 할 일을 차분히 해낸 것, 오랫동안 미뤄둔 창틀 청소와 같이 작은 일을 마무리한 것도 스스로를 북돋아 주는 성취가 될 수 있습니다. 하나의 욕구를 채울 수 있는 방법은 무궁무진합니다. 창의성을 발휘할 때 삶은 더 유연해집니다.

☀ 생각 패턴 찾기

감정이 격해지는 상황에서 반복되는 생각이 있는지 찾아보세요. 어떤 사람은 '왜 나만 이렇게 일이 많지', '결국 나밖에 해결할 사람이 없다'는 생각이 자주 떠오르고, 그럴 때마다 유난히 화가 납니다. 또 어떤 사람은 '나를 이상하게 생각했을 거 같다',

'나를 부담스러워하는 거 아닐까' 하는 생각이 들 때 괴로움을 느끼고, 누군가는 '좋은 엄마가 아닌 거 같다', '아이를 힘들게 했다'와 같은 생각들이 떠오를 때 힘겨워합니다. 이렇게 비슷한 생각들을 묶어보면, 나의 신념을 찾을 수 있습니다.

신념은 우리가 살아오면서 들은 이야기나 경험을 바탕으로 만들어진, 나만의 믿음입니다. 예를 들어, 저는 누군가가 뒤에서 차례를 기다리면 초조해져서 안 하던 실수를 하게 됩니다. 그건 '타인에게 피해를 주면 안 된다'는 저만의 강한 신념 때문이지요. 이 믿음이 저에게 중요하기 때문에 다른 사람에게 무례하게 구는 사람들을 보면 유난히 화가 나곤 합니다.

어떤 신념은 유난히 절대적이어서, 감정을 더 세게 흔듭니다. 예를 들어, 직장에서 평가 기준이 애매하게 느껴질 때, '사람은 공정해야 한다'는 신념이 건드려지면서 분노가 커지기도 합니다. 누군가에게 속았다는 생각이 들 때, '사람은 믿을 수 없다'거나 '세상은 위험하다'는 신념이 떠오르면 더욱 불안해집니다. 보통 이런 신념은 나의 감정과 행동에 큰 영향을 미치는데도, 평소에는 알아차리지 못하고 그냥 지나칠 때가 많습니다.

S는 자신의 감정일기를 돌아보다가, 유난히 화가 났던 순간들을 한데 묶어보았습니다. 직장에서 실력이 부족하다고 느꼈던

후배가 승진했을 때, 시어머니가 살림을 잘 못하는 동서를 칭찬해 줄 때가 그랬습니다. 스스로 왜 그렇게까지 화가 났는지 알 수 없어 더 혼란스러웠습니다. 당시의 생각이 무엇이었는지 질문하자, '노력해야 인정받을 수 있다'는 믿음이 떠올랐습니다. 그리고 그 신념이 가장 강했던 시절의 기억이 되살아났습니다.

S의 아버지는 그녀가 네 살 때 집을 떠났고, 그 뒤로 그녀는 친척 집에 머물며 경제적으로 어려운 시절을 보냈습니다. 하지만 친구들에게 그런 사정을 들키거나 풀이 죽은 모습을 보이기 싫었습니다. 그래서 더욱 이를 악물고 공부에 매달렸고, 고향에서는 드물게 명문대에 진학했습니다. S가 친척과 친구들의 눈치를 보는 삶에서 벗어나 이들에게 인정을 받는 길은 노력이었습니다. 스스로를 지키기 위해 '노력해야 인정받을 수 있다'는 믿음이 만들어졌고, 오래도록 이 믿음을 절대적인 기준처럼 붙잡고 살아왔습니다. 그러다 보니 노력이 보상받지 않는 것 같은 상황, 열심히 하지 않아도 인정받는 사람을 볼 때마다 감정이 요동쳤던 것입니다.

이처럼 신념은 나의 핵심적인 두려움과 연결되어 있는 경우가 많습니다. 그 두려움이 자극될 때, 우리는 불안해지고 화가 나고 맙니다. 감정일기를 돌아보면서 화가 나는 상황에서 반복적으로 자극되는 신념이 없는지 살펴보세요. 그리고 왜 이런 신념이 생겼는지, 과연 그 생각은 항상 옳은지 질문해 보세요. 이 책의 2부에 소개될 '숨겨진 진짜 욕구를 찾아주는 자책일기'에서 핵심신념을 찾는 과정을 좀 더 자세하게 다루어보겠습니다.

출렁이는 감정을 붙잡아 기록으로 남기는 것만으로도 우리는 스스로를 보다 잘 이해할 수 있습니다. 우리가 어떤 상황에 예민하게 반응했고 무엇 때문에 마음이 따뜻해졌는지, 나에 대한 정보가 쌓입니다. 그럴수록 이해하지 못했던 감정과 행동이 납득이 됩니다. 만나자는 약속을 자꾸 잊어버린 친구에게 왜 이렇게 서운했는지, 상사의 지적에 왜 이렇게 비참한 기분이 들었는지 내 욕구와 연결지어 헤아려볼 수 있습니다.

지금 내가 느끼는 감정은 단지 '기분'이 아니라, 나를 이해하고 돌볼 수 있는 소중한 단서입니다. 스스로를 향한 따뜻한 관찰자가 되어 오늘도 마음의 조각을 놓치지 말고 기록해 보길 바랍니다. 이 조각들을 모아 '나'라는 퍼즐을 조금씩 맞춰가 보세요.

글을 쓰면 알게 되는 것들

마음 상태를 알게 됩니다

 글쓰기는 다른 말로, 마음에 이름을 붙이는 과정입니다. 마음을 있는 그대로 백지에 옮기는 과정에서 마음속 깊이 숨어있던 감정도 이름을 얻고, 뒤죽박죽 엉켜있던 마음도 차근차근 단어와 문장으로 분류됩니다. 상대의 어떤 말 때문에 서운했는지, 무기력하다거나 외로운 상태인지, 쉬고 싶다거나 잘해내고 싶은 바람이 있는지 써 내려갈수록 마음은 점점 더 투명하게 보입니다. 마치 파도 때문에 바닷속이 잘 보이지 않다가도 스노클 고글을 쓰고 얼굴을 담그는 순간 바다 아래가 밝게 들여다보이는 것처럼요.

 신비롭게도 일단 글을 쓰기 시작하면 글은 마음을 비추는 불빛이 되어 미처 알아차리지 못한 구석구석을 비춰줍니다. 무엇에 대해 글을 써야겠다고 생각했더라도 글은 애초의 계획을 넘어 나를 다른 곳으로 데려가 주곤 합니다. 요즘 고민인 이직 문제에 대해 쓰다가 부모님과의 묵은 갈등이 떠오르기도 하고, 경제적인 불안을 주제로 써 내려가다가 예전에 가졌던 꿈이 튀어나오기도 하고, 친구와의 갈등에서 시작한 글이 어린 시절의 한 장면으로 옮겨가기도 합니다. 평소 눈치채지 못하지만, 마음의 조각은 의식 아래 어딘가에서 살펴달라고 신호를 보내고 있기 때문입니다. 글을 쓰는 과정을 통해 이를 알아차릴 수 있다면, 그 조각은 나에 대해 무언가를 말해줄 것입니다.

감정의 이유를 찾습니다

글을 쓰다 보면 격한 감정의 이유를 찾아줄 수도 있습니다. 슬프거나 화가 났다면 그 이유가 있기 마련입니다. 나를 성찰하는 글을 써 내려갈 때 백지는 상담자처럼 나에게 계속 질문합니다. '슬프다'로 끝나는 문장 뒤에 '왜냐하면'이라는 물음표가 달리고, 그 물음에 답하는 과정에서 마음을 한층 더 깊이 들여다보게 됩니다. '친구가 오해를 해서', '업무 평가가 좋지 못해서'와 같은 직접적인 이유에서 멈추지 않고 '왜 그게 슬픈지' 질문을 이어나가다 보면, 그 아래에 내가 잃어버린 것을 찾아갈 수 있습니다. '이해받고 싶다', '인정받고 싶다'와 같이 내가 중요하게 생각하는 바람입니다. 슬픈 이유를 알아챌 수 있다면 '별일 아닌 일로 서운해한다'고 스스로를 비난하거나 답답하게 여겼던 마음도 그럴만한 마음이 됩니다.

또한 오해하고 있던 마음을 발견하기도 합니다. '걱정된다'는 감정의 이유로 '사람들이 나를 불성실하다고 생각할 것 같아서'라고 쓰다 보면 '과연 사람들이 그럴까?' 하는 질문이 떠오를 때가 있습니다. '이 정도 일로 사람들이 나를 불성실하게 생각할 거 같지 않은데?'라는 의심으로 이어지면서 그다지 걱정할 필요가 없음을 깨닫게 되기도 합니다. 활자로 뱉어놓은 마음은 이미 나와 거리가 조금은 생긴 셈이라서, 생각이 담고 있는 모순이 조금 더 분명히 보이기 때문입니다.

결국 나를 더 잘 이해하게 됩니다

오늘 일어난 사건 하나를 쓰는 것도 의미가 있습니다. 하나의 사건도 나에 대한 많은 정보를 담고 있기 때문입니다. 왜 나는 거기서 화가 날 수밖에 없었는지, 그 일을 저지른 후에 무엇을 걱정하는지, 상대방의 행동을 어떻게 해석했는지 등을 분석하면 나의 고유한 반응 양식을 알게 됩니다. 동료가 던진 농담에 나는 왜 무시당했다고 생각하고 화가 나는지, 친구에게 답이 늦게 올 때 왜 나를 탓하면서 불안해지는지, 그 이유를 찾는 과정에서 나를 더 깊이 알아갑니다.

이를 위해서는 나를 관찰하듯 바라볼 수 있어야 합니다. 내 상황을 어떤 단어로 표현할지 고민하기 시작하는 순간, 나는 '관찰하는 자기' 모드로 옮겨갑니다. 우리에게는 매 순간 느끼고 생각하는 '경험하는 자기'와 그러한 나를 한 걸음 뒤에서 조망하듯 바라보는 '관찰하는 자기'가 있습니다. 경험하는 자기는 지금의 감정과 생각 한가운데에 빠져있기 때문에 왜 그렇게 기쁘거나 고통스러운지 알아차리기 힘듭니다. 하지만 관찰하는 자기는 내 마음이 왜 그러한지 이유를 살피고 내 반응을 점검합니다. '내가 지금 부당하다고 느껴서 얼굴이 발개질 정도로 화가 나있구나'라고 마음에 거리를 두고 관찰한다면, 격한 감정이 조금은 가라앉고 대안을 떠올려볼 수 있습니다.

글쓰기를 통해 '관찰하는 자기'로 나를 바라보는 연습을 해갈수록 '내가 언제 기쁨을 얻고 어떤 상황을 견디기 어려워하는지', '누구에게 끌리고 또 어떤 사람을 힘겨워하는지', '그럴 때 어떻게 반응하는지' 알아갑니다. 무엇보다 나를 이해하게 되면, 스스로를 탓하기보다 그럴만하다는 다정한 시선으로 바라볼 수 있게 됩니다. 그 시선에 힘입어 같은 상황을 마주하게 될 때 조금 더 너그럽게 나를 바라보면서 마음의 이유를 보다 쉽게 찾아줄 수 있습니다.

그리고 내가 더 편안해하는 상황으로 나를 자주 데려갈 수 있습니다. 성취가 중요한 사람은 일의 결과를 확인할 수 있는 상황을, 관계가 중요한 사람은 친구와 보내는 시간을, 혼자만의 시간이 중요한 사람은 고독한 상황으로요. 내가 중요하게 생각하는 것이 충족되는 환경 속에 자주 머물수록 삶의 만족감은 높아집니다. 이 모든 것이 나를 잘 이해할 때 가질 수 있는 자산입니다.

극심한
스트레스로
지쳐있다면,

감사
일기

& 걱정
일기

> **되는 일이 하나도 없는 것만 같을 때는
> 감사일기를 써보세요.**

유난히 버겁고 지친 날, 우울감이나 불안감이 클 때는 글을 써도 오히려 기분이 처지고 답답해지기도 합니다. 너무 힘들어서 글 쓸 기력조차 남지 않았다면, 조금 다른 방식으로 일기를 써 보는 것도 좋습니다.

가장 추천하는 방법은 감사한 일을 주제로 기록해 보는 것입니다. 사실 "감사하라"는 말을 들으면 어쩐지 어색하고 난데없이 느껴집니다. '감사'라는 단어 자체가 일상에서는 잘 쓰이지도 않을뿐더러, 진지하게 앉아 감사의 글을 쓰는 것도 왠지 민망하고 낯부끄럽습니다. 마치 어린 시절 무슨 날만 되면 군인이나 부모님, 선생님께 감사 편지를 썼던 것처럼 다소 억지스러운 느낌마저 들기도 합니다.

하지만 글쓰기 치료와 관련된 연구자들이 일관적으로 이야기하는 것은 정서 회복에 가장 도움이 되는 일기 콘텐츠는 '감사'라는 점입니다. 감사를 기록하게 한 후 스트레스 정도나 심리적 문제를 측정하면 대체로 상황은 나아집니다. 걱정을 덜 하게 되고, 불면 증세나 자살 가능성이 줄어들고, 심지어 오랫동안 꾸

준히 지속하면 성격 문제까지 개선됩니다.[18]

감사는 끝없이 깊어지는 우울을 막아서 주기도 합니다. 도파민이나 세로토닌과 같은 정서문제와 관련된 신경전달물질의 활동이 변하고, 코르티솔과 같은 스트레스 호르몬이 줄어듭니다.[19]

이렇듯 감사가 훌륭한 감정 조절 전략인 이유는 의도적으로 일상의 경험 중 긍정적인 면에 초점을 맞추기 때문입니다.[20] 스스로를 타인에게 호의를 입은 사람으로, 자신의 삶 또한 뜻밖의 도움을 받고 좋은 일이 일어나는 삶으로 관점을 바꿔줍니다. 이러한 인지적 전환 덕분에 자신에 대해 보다 긍정적으로 느끼게 되며, 스트레스 상황에서도 빠르게 회복하고 균형을 되찾을 수 있습니다.[21]

감사일기를 쓰는 방법은 간단합니다. 하루에 일어났던 일 중 고맙게 느낀 사건이나 상황을 떠올려보고 기록으로 남기는 것입니다. 이때는 '내가 가지고 있는 것'이나 '내가 실제 한 일'보다 '의도치 않게 생겨난 일'이나 '주변 사람들이 내게 해준 일' 등에 초점을 맞추는 것이 좋습니다.

뭐 하나 좋은 일이 없었던 것 같은 하루도 기억을 찬찬히 더듬어보면, 날씨가 화창했다거나 아침에 마신 커피가 맛있었다거나 운 좋게도 지하철에서 자리에 앉아 올 수 있었다는 것과 같은,

소소하지만 그 순간만큼은 기쁨을 누렸던 일들이 있습니다. 친구가 안부를 물어봐 줬다거나 회사 동료가 재밌는 이야기를 들려줬다거나 카페 직원이 자주 주문하는 메뉴를 기억해 주었다는 것과 같은 이야기를 기록할 수도 있습니다. 휘발되고 말았을 찰나를 글로 남기는 과정에서 고마움을 되새길 수 있습니다. 또 누군가의 친절을 의미 있게 기억하는 마음의 태도가 만들어집니다.

내가 지금 제대로 잘하고 있는 것을 써볼 수도 있습니다. 100% 완벽하지는 않지만 그럭저럭 잘해내고 있는 역할은 무엇인가요. 업무 스트레스가 많지만 회사에 꾸준히 출근하고 있다거나 아이들 밥을 꼬박꼬박 챙겨줬다거나 집을 치우고 정리했다는 것처럼, 삶이 흐트러지지 않게 부단히 애쓰고 있는 일에 주목해 보세요. 사소해 보일 수 있지만, 실은 심리적, 신체적 에너지를 많이 들이고 있는 일입니다.

오늘 하루, 나는 무엇을 잘해냈나요. 뿌듯함을 느낀 순간을 딱 하나만 찾아보세요. 빗길에 차가 막힐 것 같아 대중교통을 이용했다거나 팀 보고서에서 오타를 찾아내 팀에 기여했던 일, 아이에게 화가 났지만 소리 지르지 않았던 행동 같은 것이요.

나라는 사람이 형편없어 보일 때도, 나는 스스로 혹은 타인에게 조금이라도 기여하며 살고 있습니다. 환경이 더 나빠지지 않도록 분리수거를 하고, 물건을 사고 나오면서 매장 직원들에게 한번쯤 인사를 건넸을 것이고, 동료의 농담에 밝게 웃어주거나 오랜만에 친구에게 안부를 묻는 메시지를 보냈을지 모릅니다. 그런 행동이 누군가의 삶의 주름을 잠시나마 펴주었을 것입니다. 아침을 거르지 않고 챙겨 먹고 이렇게 마음을 돌보는 일기를 쓰면서 보다 건강한 내가 될 수 있도록 돌보았고요.

유난히 삶이 버거울 때가 있습니다. 잘하고 있는 일이 아무것도 없는 것 같고 할 일은 많은데 제대로 감당하지 못할 거 같아 막막한 기분이 듭니다. 우울감이라는 두꺼운 필터를 통과한 세상을 보고 있기 때문입니다. 필터에 가려 잘 보이지 않았지만, 잠깐의 뿌듯함과 고마움, 감동 어린 순간은 분명 오늘도 있었습니다. 감사일기는 잠시 다른 필터로 바꿔보는 시간입니다. 숨은그림찾기처럼 잘 보이지 않던 순간을 찾아내어 기록하며 음미해 보는 경험입니다.

이런 사소한 순간 덕분에 우리는 세상이 살만하다고 느낄 수 있습니다. 기여, 친밀감, 존중, 아름다움의 욕구가 조금씩 채워진 찰나의 순간을 조금 더 오래 마음에 담아 기억해 봅시다. 기억해 준다는 것은 그 시간의 가치를 알아보고 인정해 준다는 의미이기도 합니다.

고통을 없앨 수는 없지만, 고통 속에서도 우리를 돌보고 삶을 보다 살만하게 만들 수는 있습니다. 나는 오늘 하루도 누군가와 연결되어 있었고, 보다 나은 내가 되기 위해 애쓰고 있었습니다. 그런 나를 바라봐 주면 좋겠습니다.

오늘 하루 있었던 일 중에 고마운 일 세 가지, 내가 잘한 일 한 가지를 적어보세요. 감정일기 쓰는 방식과 비슷하게 구체적인 상황을 쓰고 그때 느낀 나의 감정, 충족된 욕구까지 써보면 좋습니다. 욕구를 찾기 힘들다면, 상황과 감정만이라도 써보세요.

❖ 감사일기 예시 ❖

▸ **고마운 일 예시**

상황 : 오늘 아침, 출근길 버스에서 내리면서 우연히 하늘을 올려다봤는데, 하늘이 새파랗고 높았다. 군데군데 구름이 예쁘게 흩어져 있었다.
감정 : 감동, 경이로움
욕구 : 아름다움, 여유

▸ **고마운 일 예시**

상황 : 점심시간에 회사 동료 K가 식당 앞에서 나를 보고 먼저 반갑게 웃으며 인사를 건넸다.

감정 : 기쁨, 따뜻함
욕구 : 소속감, 연결감

▸ **잘한 일 예시**

상황 : 어제 회의에서 팀장님 의견이 충분히 이해가 되지 않는 부분이 있었지만 그냥 넘겼는데, 계속 혼란스러워서 오늘 팀장님께 차근차근 여쭤봤다.
감정 : 개운함, 뿌듯함
욕구 : 자기표현, 소통

❖ **나의 감사일기** ❖

▸ **고마운 일, 하나**

상황 :

감정 :

욕구 :

▸ 고마운 일, 둘

상황 :

감정 :

욕구 :

▸ 고마운 일, 셋

상황 :

감정 :

욕구 :

▸ 내가 잘한 일

상황 :

감정 :

욕구 :

> **걱정이 꼬리에 꼬리를 물 때는
> 걱정일기를 써보세요.**

걱정일기는 불안과 걱정 때문에 괴로울 때 해볼 수 있는 글쓰기입니다. 어떤 걱정이 계속 머리에서 떠나지 않고 초조할 때가 있습니다. 미래에 대한 불안한 생각은 꼬리에 꼬리를 물며 또 다른 걱정을 만들어냅니다. 결국 생각은 최악의 상황까지 흘러갑니다.

"머리가 아픈 거 보니까 큰 병에 걸렸나 봐."

"내일 발표 망치면 승진 못 하는 거 아냐."

"내가 싫어져서 약속을 취소했나. 이제 나랑 안 만나려고 하겠지……."

이런 상상의 나래를 펼칩니다.

영화 〈인사이드 아웃 2〉에서 주인공 라일리는 중요한 하키

시합을 앞두고 있습니다. 이때 머릿속의 감정 중 하나인 '불안이'는 경기에서 실수하거나 다른 선수들에게 비난을 받는 것처럼 라일리가 겪을 수 있는 최악의 상황을 상상으로 만들어냅니다. 라일리의 미래를 대비하기 위해서였지만, 오히려 라일리는 지나치게 긴장하고 염려하게 되어 잠을 이루지 못하고, 결국 잘못된 판단을 하게 됩니다.

이는 파국적 걱정catastrophic thinking이라는 대표적인 인지왜곡 중 하나입니다. 사소한 걱정을 지나치게 확대하여 해석하는 것입니다. 현실화될 가능성은 거의 없지만, 그 순간만큼은 전혀 비현실적으로 느껴지지 않고 당장 일어날 수도 있는 상황같이 여겨집니다. 심장 박동이 빨라지고 머릿속이 새하얘지기도 합니다.

이럴 때는 불안을 외면하지 말고, 정면으로 마주 앉아보는 것이 도움이 됩니다. 마치 불안을 내 앞자리에 초대해 앉히고, 탐정이 되어 취조하듯 그 생각을 하나씩 따져보는 것입니다. '네가 만들어낸 이 생각, 진짜야?' 하고요.

단도직입적으로 '내가 두려워하는 가장 최악의 상황은 무엇인가?'라고 묻습니다. 우리는 최악의 결과를 상상하면서도 그것을 진짜로 받아들이는 건 어려워합니다. 그래서 모호한 불안만 더 커집니다. 이럴 땐 아예 그 일이 실제로 벌어졌다고 가정하고 차근차근 생각해 보는 편이 좋습니다. 예를 들어, '내일 발표를 망치면, 사람들이 나를 멍청하다고 여길 것이다'가 최악의 시나리오라면, 발표를 정말 망친 상황이라고 가정하고, 하나씩 따져보는 것입니다. 실제로 그런 상황이 닥친다면, 어떤 일이 벌어질지, 나는 무엇을 잃게 될지 적어봅니다.

❖ 걱정일기 예시 ❖

내일 발표를 망치면, 사람들이 내가 이 정도밖에 되지 않는 사람이라고 평가하면서 나를 멍청하다고 생각할 것이다.

❖ 나의 걱정일기 ❖

내가 두려워하는 가장 최악의 상황은? 그런 일이 벌어진다면 어떻게 될까?

이제는 내가 아닌 다른 사람에게 같은 일이 생겼다면 어떨지 생각해 봅시다. 내가 아는 누군가에게 이런 일이 생겼을 때, 나는 그를 어떻게 볼까요? 그리고 무어라고 이야기해 주고 싶을까요?

❖ 걱정일기 예시 ❖

동료가 발표를 망치면, 실수라 생각하고 넘길 것 같다. 오히려 긴장한 마음을 이해하고 "괜찮아요, 애썼어요"라고 말해 주고 싶을 것이다.

❖ 나의 걱정일기 ❖

내가 아는 누군가에게 이런 일이 생겼을 때, 나는 그를 어떻게 대할까?

그런데, 정말 그런 일이 생길까요? 예전에 비슷한 일이 있었거나 누군가에게 그런 일이 있었던 경우를 떠올려보세요. 그때 상황이 이렇게까지 악화되었었는지, 내가 걱정했던 것과 다르게 흘러간 적은 없었는지 차근히 되짚어 보고 글로 적어봅니다.

❖ 걱정일기 예시 ❖

예전에 발표하다가 말을 더듬기도 하고 질문에 제대로 답변을 못해 아쉬워하고 있을 때, 발표를 들은 몇몇이 다가와 좋았던 내용에 대해서 이야기해 주었다.

❖ 나의 걱정일기 ❖

예전에 비슷한 일이 있었던 경우는 어땠나?

이런 식으로 생각을 하나씩 따져보면, 지금 내 앞에 놓인 일이 단 하나의 파국적인 결말로만 흘러가는 것이 아니라, 그 외에도 여러 가능성이 존재한다는 균형 잡힌 시선을 가질 수 있게 됩니다. 그러면서 불안도 조금씩 누그러지고, 상황을 보다 차분하게 바라볼 수 있게 됩니다.

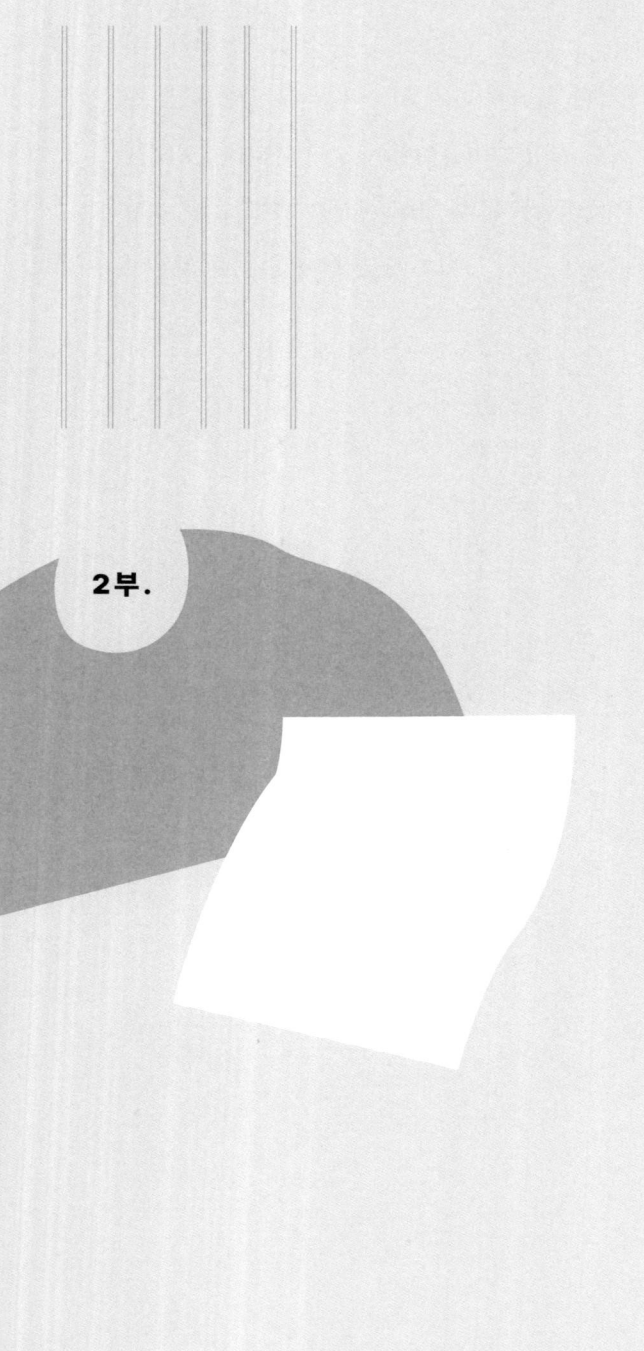

2부.

감정
글쓰기
둘.

'진짜 나'를 발견하고
앞으로 나아가고 싶을 때,
의식의 흐름대로
글쓰기

Intro

 이제 조금 더 깊이 있는 글쓰기로 들어가 보려 합니다. 1부 글쓰기가 비교적 정해진 틀 안에서 감정과 생각을 정리해 보는 과정이었다면, 2부의 '의식의 흐름대로 글쓰기'는 보다 자유롭게 내 의식과 무의식을 탐색해 보는 작업입니다. 명확한 구조가 없기 때문에 마음 가는 대로 써 내려갈 수 있다는 점에서 자유롭지만, 그만큼 막막하거나 낯설게 느껴질 수도 있습니다.

 사실 우리는 이미 '의식의 흐름대로 글쓰기'를 위한 준비를 차근차근 해왔습니다. 내 생각이 근거가 있는지 재평가해 보고, 끈질기게 나의 진짜 욕구가 무엇인지 찾아보기도 했습니다. 또, 행동과 그 결과를 살펴보면서 내 선택을 검토하는 연습도 했습니다. 이번에는 정해진 틀 없이 글을 쓰게 되지만, 글을 쓰는 기본 태도는 같습니다. 우리는 계속해서 자신에게 질문하면서 글을 쓸 것입니다.

 '가치를 발견하는 글쓰기'와 '상처를 돌보는 기억 글쓰기'는 나를 더 깊이 이해하기 위한 글쓰기입니다. 글쓰기 모임을 진행할 때는 주로 이 두 가지 방법을 많이 활용합니다. 오래전 기억을 쓰다 보면, 지금의 감정과 행동, 관계 방식이 과거 어떤 경험에서 비롯되었는지 이해할 수 있습니다. 가치를 발견하는 글쓰기를 통해서는 내가 어떤 삶을 바라고 지향하는지 확인해 볼 것입니다. 이렇게 과거, 현재, 미래를 잇는 두 가지 글쓰기를 통해 내 삶을 보다 통합적으로 바라볼 수 있게 됩니다.

또한 자신에게 너무 화가 나서 참을 수 없을 때, 스스로를 비난하거나 수치심을 느낄 때 써보면 좋은 글쓰기 안내도 함께 담았습니다. 여러 치료 기법들에 기반한, 비교적 분명한 틀이 있는 글쓰기 양식입니다. 이처럼 다양한 방식으로 글을 써보며, 자신에게 가장 잘 맞는 글쓰기 방법을 천천히 찾아가 보시길 바랍니다.

내가 어떤
사람인지
알고 싶을 때

가
치
를

발견하는
글쓰기

> **묘비명을
> 써보세요.**

가치는 자기가 중요하게 생각하고 삶에서 우선으로 두고 싶은 것입니다. 좋은 부모가 되는 것, 삶을 즐기는 사람이 되는 것, 성숙한 사람이 되는 것과 같이 가족, 친구관계, 직업이나 여가, 건강, 사회 참여라는 삶의 여러 영역에서 실현되기 바라는 모습입니다. 아무도 알아주지 않고 설사 그 일로 손해를 보더라도 고수하고 싶은 것이 있다면, 나의 가치에 가깝습니다.

수용전념치료Acceptance and Commitment Therapy에서는 삶의 가치를 발견하고 실천하는 과정을 중요하게 생각합니다. 수용전념치료는 고통스러운 생각이나 감정을 없애려 하지 않고 있는 그대로 수용하면서, 자신의 가치에 따라 살아가는 것을 목표로 하는 치료법입니다. 가치를 발견하는 여러 방법 중 하나로 '묘비명 쓰기'가 있습니다.

우리가 죽고 나서 묘비에 문구를 하나 새길 수 있다고 생각해 봅시다. 묘비에 '어떻게 살다 간, 누구'인지가 드러나도록 써야 한다면, 어떤 글을 남기고 싶나요. 직업이나 소유하고 성취한 것보다 내가 어떤 사람으로 살아왔는지에 초점을 맞춥니다.

사람들에게 다정했던 사람, 아름다운 것을 알아볼 줄 아는 사람, 주어진 자리에서 성실하게 살아온 사람 등 내 삶의 마지막에 이르렀을 때 어떠한 인생을 살다 간 사람으로 기억되고 싶은가요. 떠오르는 대로 천천히 적어보세요.

❖ **나의 묘비명** ❖

혹시 선뜻 묘비명이 생각나지 않는다면, 조금 더 시간을 들여 다음에 제시하는 쓰기 활동을 따라가 보세요. 나의 가치가 보다 선명하게 보일 거예요.

**10년 후의 나의 모습을
그려보세요.**

10년 후 어느 날, 아침부터 잠이 들 때까지 나의 하루를 적어보는 것입니다. 조용히 주의를 집중할 수 있는 곳에서 충분한 시간을 두고 써보면 좋습니다. 시간별로 자세하게 적어도 되고, 큰 사건 중심으로 써봐도 괜찮습니다. 10년 후의 나는 어디에서, 누구를 만나고, 무슨 일을 하고, 어떤 활동을 하며 지내고 있을까요.

이 글쓰기 과제를 받으면 많은 분들이 어렵다고 말합니다. 내일이나 다음 주를 계획하는 것은 익숙하고 2~3년 후 진로를 고민해 본 적은 있지만, 10년이라는 먼 훗날은 상상해 본 적이 드물기 때문입니다. 10년이라는 시기도 꽤 애매합니다. 20~30년쯤 지나면 내가 바라는 것이 어느 정도 이뤄져 있을 것 같은데, 10년 후는 지금과 크게 다르지 않을 것 같습니다. 그렇다고 아주 가까운 미래도 아니어서 명확히 그려지지도 않습니다.

그렇기 때문에 10년이라는 시간은 지금의 나와 크게 다르지 않으면서도 조금은 달라진 모습을 떠올려보기 좋은 시점일지 모릅니다. 직업, 여가를 보내는 방법, 가족들과의 관계는 지금과 같을 수도 혹은 전혀 새로운 모습일 수도 있습니다. 다음은 10년 후의 어느 하루를 떠올리며 글을 쓴 예시입니다.

✦ L의 10년 후의 하루 ✦

알람이 울렸다. 나는 알람을 끄고 침대에서 일어난다. 양치만

대충 하고 수영장으로 향한다. 아직 겨울이 다 가시지 않아서 물에 들어가긴 춥지만 워밍업으로 두 바퀴만 돌아도 잘 왔다 싶다. 역시 수영은 즐겁다. 탈의실에서 로션을 바르며 강습반 동료들과 수다를 떤다. 새벽 6시에 매일 보는 가족 같은 사이. 느긋하게 집으로 가 사과를 꺼내 먹고 나갈 준비를 한다. 10년 전 처음으로 시작한 무인 카페 매장이 다섯 개로 늘었다. 하루에 두 군데 정도 매장을 들르며 오전을 보낸다. K가 하는 꽃집에 들러 밥도 먹고 차도 마시며 한참 수다를 떨었다. 거리가 멀어서 가기 쉽지 않지만 환영해 주는 사람이 있다는 게 늘 든든하다. 집에 돌아가기 전에 댄스화를 파는 곳에 들렀다. 오래 신었더니 헐거워져 하나 사기로 했다. 반짝이는 은색 댄스화로 골랐다.

댄스수업이 없는 오늘은 아이들과 저녁을 같이 먹기로 약속했다. 예전에 가봤던 레스토랑을 예약했다. 아이들은 남자친구 이야기, 학교 이야기, 일 이야기로 분주하다. 취업 준비생인 둘째는 걱정을 늘어놓고, 처음은 다 그런 거라고 첫째가 위로를 해준다. 바로 위 상사 때문에 스트레스를 받는 첫째를 위해 우리는 같이 욕을 한 바가지 해줬다. 저녁을 맛있게 먹고 차를 한잔하며 수다를 떤다.

집에 들어와 씻고 혼자만의 공간으로 들어왔다. 이제 각자의 몫을 하고 사는 아이들이 기특하다. 든든하게 기댈 사람이 있다는 것에 감사하고, 경제 활동을 할 수 있다는 것에 안도의 마음이 든다. 그렇게 또 하루가 지나고 있다.

'10년 후의 나'를 그려보는 글에서는 내가 무엇을 중요하게 생각하고 있고, 어떤 것에 관심을 갖고 있고, 또 어떤 모습이 되기를 바라는지가 나타납니다.

예시 글에서 '미래의 나'는 수영을 배우는 동료들과 수다를 떨고, 멀리 있는 친구를 찾아가 시간을 보내고, 아이들과 외식을 하면서 서로의 고민을 나눕니다. 이 모든 것이 함께 즐거운 시간을 보내거나 서로에게 의지하는 '친밀한 관계'라는 지향점과 연결됩니다. '든든한' 사람들, '환영'받는 관계에 대한 기대가 글 곳곳에서 드러나고 있습니다. 가까운 이들과 정서적으로 연결되고 우정을 나누는 것이 중요한 가치란 걸 알 수 있습니다.

또한 댄스학원을 다니거나 무인 카페를 운영하는 부분에서는 즐거움, 자유, 자립과 같은 가치가 나타나기도 합니다. 이처럼 상상 속의 내가 의도적으로 선택한 활동이나 직업을 통해 내가 삶에서 무엇을 실현하고 싶은지 엿볼 수 있습니다. 글을 살펴볼 때는 미래의 내가 안도하고 만족하는 순간을 주의 깊게 보세요. 여기서도 내가 구현하고 싶은 가치가 드러납니다.

자칫 어디선가 본 '좋은 삶'에 걸맞은 이미지를 나의 10년 후 모습으로 그려보기 쉽습니다. 그럴 땐 물어보세요. 그 모습이 내가 정말 바라는 삶이 맞나요? 사람들이 말하는 성공한 삶이나 좋은 사람처럼 보이는 모습이 떠오른다면, 잠시 시간을 더 가져보세요. 아무도 내가 기록한 것을 보지 않을 것입니다. 나에게 정말 솔직하다면, 나는 어떻게 살아가고 싶은가요.

❖ **나의 10년 후의 하루** ❖

> **오늘 하루 나의 모습을
> 떠올려보세요.**

이제 다시 지금으로 돌아옵니다. 오늘 아침부터 저녁까지 나의 하루를 떠올려보세요. 시간순으로 모두 적어도 괜찮고, 기억에 남는 중요한 사건 몇 가지를 적어도 좋습니다. 나름 괜찮았던 하루였을 수도 있고, 오늘따라 일이 잘 풀리지 않거나 힘겨웠을 수도 있어요. 어떤 하루여도 괜찮습니다. 고군분투한 하루 중에도 나는 무언가를 향하고 있었을 테니까요.

다음 글은 앞에서 '10년 후의 하루'를 작성한 L의 '오늘 하루'입니다.

❖ L의 오늘 하루 ❖

수영을 다녀온 뒤 아이들이 깨기 전 둘째가 전날부터 먹고 싶어 하던 연어초밥을 만들어놓았다. 밥을 먹고 둘째 실내화를 사러 마트에 갔다. 마침 휴업이라 조금 거리가 있는 시장까지 갔는데, 아이는 마음에 드는 디자인이 없어서 한참을 망설였다. 더 멀리 있는 마트에 가보자는 아이에게 시간이 없어서 안 된다고 했더니, 아이는 마지못해서 골랐다. 사놓고도 입이 나와있었다. 옆 가게에서 아이가 예전부터 갖고 싶어 했던 키링을 사줬더니 그제야 마음이 풀렸다. 조마조마하던 가슴을 쓸어내렸다. 집에 오자마자 누군가가 알려준 데리야키 소스를 만들었다. 아이와 쇼핑하면서 긴장한 탓인지 두통이 생겼다. 자장소스와 초장까지 만들어놓고 산더미같이 쌓인 설거지를 끝낸 후에야 잠시 의자에 앉을 수 있었다. 감정일기를 쓰고 하루를 마무리했다. 폭풍 같은 하루였다.

오늘 하루의 나는 어쩌면 마주하기 싫은 나였을 수 있습니다. 특히나 미래에 바라는 삶을 상상한 뒤에 오늘의 나를 떠올리자면, 지금의 나는 상대적으로 초라하고 형편없다고 느껴질지도 모릅니다. 그 간극이 커 보여 내가 바라는 미래는 어쩌면 오지 않을지 모른다는 생각도 듭니다. 그렇다면 이제 가치를 찾아 볼 차례입니다.

미래의 나는 이다지도 평온하고 즐겁고 여유로운 반면, 현재의 나는 괴롭고 분투하고, 갈등 속에 있어 보입니다. 그 까닭은 우리가 미래를 가치가 이미 실현된 삶으로 그려놓았기 때문입니다. 지금의 삶이 갈등 속에 있는 것도 우리가 중요하게 여기는 가치를 향하고 있어서입니다.

L이 그리는 '10년 후의 내 모습'에는 친밀한 관계, 평온한 마음을 지키려는 삶, 배움과 성장, 자립하는 삶과 같이 L이 중요하게 생각하는 가치가 담겨있습니다. 하지만 이는 먼 훗날 혹은 몇 년 후에나 실현할 수 있는 희망사항이 아닙니다. 의식하든 그렇지 않았든, 오늘 하루도 그 가치를 실현하려 애쓰고 있었을 것입니다.

L은 실내화 때문에 아이와 실랑이를 하고 살림을 하다 지쳐버린 하루를 보냈습니다. 하지만 아이의 기분을 달래주고 아이가 좋아하는 음식을 만드는 그 모든 수고에는 아이와 좋은 관계를 맺고 싶은 바람이 있을 것입니다. '친밀한 관계'를 향해 서있었던 것이지요.

'평온한 마음을 잘 지켜내는' 미래의 나와 지금의 나는 아주

멀리 떨어져 있는 것 같지만, 실은 오늘도 하루 끝에 감정일기를 쓰고 이른 아침 수영을 하면서 마음을 돌보려 애쓰고 있습니다. 사실 마음이 평온할지 아닐지는 우리가 선택할 수 없습니다. 감정은 우리가 의지로 조절할 수 있는 영역이 아니기 때문입니다. 다만 여전히 자주 불안해지고 출렁이더라도, 평안함을 지키기 위한 행동은 선택할 수 있습니다.

이러한 노력이 지금 당장 효과가 나타나지 않더라도, 나는 미래의 '내가 꿈꾸는 나'를 향해 나아가고 있는 중입니다. 어쩌면 오늘 나의 가치를 지키려 애쓴 덕분에, 지금의 삶이 그 가치에 조금 더 가까워졌는지도 모릅니다.

그럼에도 마음은 또 휘청일 수 있습니다. 지금 내게 어떤 고통이 있는가에 집중하기보다 내가 어디를 향해 서있는가에 집중했으면 좋겠습니다. 오늘 하루는 그저 힘들고 의미 없이 흘러간 하루이기보다, 내가 바라는 것을 위해 애쓴 하루라고 기억해 주었으면 합니다.

나의 오늘 하루

**과거와
화해하고
싶을 때**

상
처
를

돌보는
기억
글쓰기

> **과거의 한 장면을
> 떠올려보세요.**

어떤 일이 생각나나요?

예전에 다른 작가님들과 함께 인생의 여러 시절에 대한 글을 쓴 적이 있었습니다. 유년기에 대한 글을 쓸 차례였어요. 유년기에 있었던 수많은 일들 가운데 어떤 이야기를 글로 써야 할지, 어떤 주제를 잡아야 할지 막막하게 느껴졌습니다. 하지만 막상 글을 쓰기 시작하자, 한 가지 사건이 떠올랐어요. 이른 오후 황토색 초등학교 건물 사이에 쪼그리고 앉아있던 순간이었습니다. 왜 그곳에 혼자 나와있었는지, 무엇을 생각하고 있었는지 기억나지 않지만, 외롭고 울적했던 감정만큼은 또렷이 남아있었습니다.

과거의 한 장면을 떠올려보라고 하면, 대부분 나에게 감정적으로 강렬했거나 중요했던 경험이 생각납니다. 그다지 떠올리고 싶지 않았던 과거의 한 장면이 눈앞에 펼쳐져 마음이 불편해지기도 합니다. 당시의 감정이 강렬할수록 그 기억은 우리 몸과 마음에 깊이 각인되어 있다가 예고 없이 떠올라 괴로워집니다. 하지만 안전한 상황에서 충분히 들여다보고 표현해 보면, 그 기억은 나를 만나는 하나의 이야기가 됩니다.

이러한 기억은 대부분 나에 대해 중요한 사실을 말해줍니다. 부모님 말씀에 따르지 않았을 때 심하게 혼이 났던 기억은 지금 내가 왜 그렇게 타인의 기대에 예민해지는지 알려주고, 친구들에게 소외되었던 기억은 내가 주변 분위기나 눈치를 늘 살피는 이유를 짐작해 볼 수 있게 합니다. 부모나 중요한 사람이 갑작스레 떠난 기억은 내가 왜 관계에서 불안해지는지, 그 실마리를 주기도 합니다.

황토색 학교 건물 사이에서 앉아있던 저는 여전히 저에게 말을 걸고 있었습니다. 언젠가는 들여다봐 주기를, 한번쯤은 당시의 감정을 풀어주기를 바라면서요. 그래서 가장 먼저 그 기억이 떠오른 걸지도 모르겠습니다. 그 장면을 징검다리 삼아 그 시절 가족에 대한 걱정, 스스로에 대한 무력감, 친구들 사이에서 외로웠던 순간이 하나둘씩 이어져 떠올랐습니다.

떠오르는 장면에서 기억나는 것을 모두 적어보세요.

과거의 기억을 떠올려봅니다. '지금 떠오르는 장면은'이라는 문장으로 시작해 보세요. 언뜻 생각이 나지 않는다면 잠시 눈을 감고 어떤 장면이 찾아올 때까지 기다려봅니다. 여러 장면이 동시에 떠오른다면, 가장 쓰고 싶은 장면을 써보세요. 언젠가는 한 번쯤 꼭 써보고 싶었던 이야기를요.

그 장면에서 생각나는 것을 모조리 적어봅니다. 장소는 어딘지, 계절은 어땠고, 하루의 어느 때였는지, 주변 풍경의 색감과 냄새, 온도, 분위기를 세세히 글로 옮겨봅니다. 누가 어떤 표정으로 무슨 말을 했는지, 주변에 다른 사람들은 없었는지, 어떤 소리가 들렸는지 눈앞에 떠오르는 장면을 마구잡이로 적어봅니다.

이때는 TMI(과하다 싶을 정도로 자세히 말하는 사람)가 되어도 좋습니다. 나라는 사람을 잘 모르지만 궁금해하는 사람에게, 내 삶을 처음 듣는 사람에게 들려주듯 당시의 상황과 맥락을 상세하게 전달해 봅니다. 그때의 내 행동을 설명하기 위해서 과거의 어떤 사건에 대해 들려줘야 한다면 그 일도 자세히 써봅니다.

그때의 내 감정도 찾아주세요. 나의 기분은 어땠는지, 슬프거나 화가 나진 않았는지, 서럽거나 억울했는지, 혹시 무언가를 두려워하고 있진 않았는지도요. 여러 감정이 생각난다면, 모두 적어도 좋습니다. 당시의 기억을 떠올릴 때 내 몸에서 어떤 반응이 일어나는지도 관찰해 보세요. 심장 박동이 빨라지거나 어깨가 뻣뻣해지거나 가슴이 답답해질 수 있습니다.

어떤 생각 때문에 그런 감정이 들었는지도 함께 적어주세요. '내 잘못도 아닌데 혼이 났다고 생각했다'라거나 '아무도 내 마음을 몰라주는 것 같다고 생각했다', '무슨 말을 해야 할지 떠오르지 않았다'와 같은 생각을 기억나는 대로 적어봅니다.

기억이 뒤엉켜 있으면 그러한 대로, 실제 있었던 일과 내 생각이 뒤섞였다면, 그것도 그대로 적어봅니다. 어디까지가 사실이고 어디까지가 내가 왜곡한 기억인지 분간이 되지 않더라도, 지금 내 머릿속에 남아있는 기억은 적어도 내게는 진실입니다.

다음은 떠오르는 과거의 장면을 있는 그대로 적어본 예시들입니다.

❖ H의 '나의 기억' ❖

지금 떠오르는 장면은 도로변에 승합차가 서있고, 그 옆으로 계곡인지 숲이 있는 곳에서 차에서 꺼낸 압력솥과 그릇을 중심으로 동그랗게 모여 앉은 가족의 모습이다. 여름이었는데 더웠던 기억은 없다. 가족 모두 즐겁게 식사를 하고 있다. 코펠도, 버너도, 캠핑에 맞는 번듯한 도구도 없이 집에서 쓰는 밥솥과 스테인리스식기를 챙겨왔던 것 같다. 메뉴가 무엇인지는 정확히 기억나지 않는다. 모든 준비는 엄마가 했겠지.

바깥에서도 밥 준비는 엄마였다. 압력솥에서 밥을 푸고 스테인리스식기에 나눠 분주하게 음식을 차리던 엄마. 나는 그런 엄마의 얼굴을 물끄러미 바라보고 있었다. 늘 폭력적이던 아빠는 그 장면에서만큼은 웃고 있었다. 평소 엄마가 새벽같이 일어나 일을 나가면 아빠는 곡소리를 내며 안방에 종일 누워있곤 했다. 엄마는 일하고 돌아오자마자 서둘러 밥을 챙겼다. 아빠는 한 번 먹은 반찬은 더 이상 먹지 않아서 엄마는 매일 새로운 반찬을 해야 했다. 그런 엄마를 생각하면 슬퍼서 자주 눈물이 났다.

✧ D의 '나의 기억' ✧

지금 떠오르는 장면은 교실에 혼자 남아있던 순간이다. 무슨 시간이었는지 기억나지 않지만 교실 책상을 모두 뒤로 밀어 놓고 두 팀으로 나뉘어 게임을 했는데, 나는 마지막까지 팀에 선택되지 않았다. 각 팀에서 한 명씩 새로운 팀원의 이름을 부르면 아이들은 환호하거나 야유를 보냈다. 그동안 나는 교실 뒤쪽에 어색하게 서있었다. 결국 선생님이 나를 한 팀에 넣어주셨다. 두 명씩 짝을 이루어 서로의 이마 사이에 두루마리 휴지를 맞대어 놓은 채로 떨어뜨리지 않고 한 바퀴를 돌아야 하는 게임이었다. 나는 짝이 된 친구와 휴지를 이마 사이에 두고 출발선에 섰다. 가다가 휴지를 두세 번 떨어뜨리고서야 결승점에 뒤늦게 도착했다. 짝이 된 친구는 뭐라고 했는데, 나 때문에 졌다고 이야기하는 것 같았다. 나는 아무 말도 하지 못한 채 서있었다. 얼굴이 뜨겁고 온몸이 굳어버린 듯했다.

위의 예시를 참고하여, 내 머릿속에 떠오르는 기억을 글로 남겨보세요.

❖ 지금 떠오르는 장면은 ❖

_____

_____

_____

_____

혹시 글을 쓰는 과정에서 마음이 많이 무겁고 힘들다면, 잠시 자리에서 일어나 안전존으로 돌아오세요. 상상만 해도 심장이 뛰고 마음이 무거워져 마주하기 힘들다면, 그 이야기는 피하는 게 좋습니다. 보통은 아프고 힘들었던 과거의 기억이 떠오르기 마련이지만, 내가 글로 쓰는 것이 고통스럽지 않을 정도의 이야기만 쓰는 게 좋습니다. 그 이상의 힘든 기억은 전문가의 도움을 받아 탐색해 보세요.

**기억을
수선해 봅니다.**

_____

과거의 기억은 실은 당시의 감정이나 지각의 편향에 따라 이미 조금은 왜곡되어 있습니다. 예를 들어 부모님이 칭찬을 하셨지만, 평소 무서웠던 부모님 앞에서 긴장한 나머지 제대로 받아들이지 못했을 수 있습니다. 친구들이 모두 자신을 무시한다고 생각했지만, 실은 그중에 내 편을 들어준 친구가 있었을 수 있습니다. 아버지의 무심한 표정은 자신에게 관심이 없는 것이기보다 단지 그날 너무 피곤했거나 표현이 서투른 것이었을 수도 있어요.

이제는 우리가 그 기억에 더욱 진하게 덧칠을 해봅시다. 회복을 돕는 방식으로요. 이를 인지행동치료에서는 심상 재각본 **imagery rescripting** 혹은 이미지 재구성 과정이라고 일컫습니다. 고통스러운 기억을 새롭게 해석하여 위안을 주는 대체 기억으로 바꾸어보는 것입니다. 심한 트라우마를 겪었거나 불안, 우울 증상이 있을 때 특히 효과가 좋은 것으로 알려져 있습니다.[22]

먼저, 두 가지를 해볼 수 있습니다. 우선은 기억 속 나의 반응을 바꾸는 것입니다. 그 상황 속 나는 대부분 힘없는 아이였거나 예상치 못한 상황에 허둥대느라 제대로 대응하지 못했을 수 있습니다. 무섭고 공포스러운 감정에 눌려 수동적이고 무기력한 모습으로 있었을지도 모릅니다. 원했던 반응은 아니었을 것입니다. 이제는 내가 바랐던 행동, 이를테면 가해자에게 맞서거나 용기 내어 자기 의사를 표현하거나 스스로를 보호하는 상상을 해

보는 것입니다.

　당시의 내가 어떻게 했기를 바라나요. 당시에는 겁이 나서 하지 못했지만, 분노를 쏟아내던 아빠에게 소리 지르지 말라고 단호하게 말할 수 있고, 자신을 괴롭히는 친구들에게 맞서 큰 소리로 따져 물을 수도 있고, 어른의 보호를 요청할 수도 있습니다. 내가 다르게 행동했을 때 과거의 나는 기분이 어떨까요. 실제 기억과는 다른 결말을 만들어보세요.

　다음은 기억을 재구성할 때 도움이 되는 질문과 이를 토대로 H의 기억을 재구성한 기록입니다. 참고하여 나의 기억도 재구성해 보세요.

기억을 재구성할 때 도움이 되는 질문
- 이 장면에서 내가 바꾸고 싶은 부분은?
- 그때 하지 못했던 행동, 표현하지 못한 말이 있다면?
- 지금의 내가 그 장면으로 다시 들어간다면 하고 싶은 행동은?

❖ **H의 '재구성된 기억'** ❖

이번에는 가만히 있지 않기로 했다. 나는 자리에서 일어나 엄마 옆에 다가가 말했다. "엄마, 나도 도와줄게." 엄마는 놀란

눈으로 나를 보다가 작게 웃었다. 나는 스테인리스식기를 옮기고, 밥그릇에 밥을 퍼 담았다. 식사가 끝날 무렵, 나는 아빠를 바라봤다. 그동안 무서워서 꺼내지 못했던 말을 꺼내본다. "아빠, 엄마 혼자 너무 힘들잖아. 나도 도울 테니, 아빠도 좀 도와주면 좋겠어." 아빠는 말없이 나를 본다. 화내지 않고, 그냥 멈춰서. 그 순간, 나는 조금 더 자란 것 같았다. 엄마의 어깨가 잠시 내려가는 걸 보았다. 처음으로, 엄마가 아주 잠깐 쉴 수 있었던 순간이었다.

❖ **재구성된 나의 기억** ❖

또 다른 방법으로는 새로운 인물을 등장시켜 볼 수도 있습니다. 바로 어른이 된 '지금의 나'입니다. 내가 아는 나의 여러 모습 중에서 가장 자애로운 상태일 때의 나를 떠올려봅니다. 친구가 힘들 때 따뜻하게 위로하고 힘이 되어주려 했던 나의 모습을 떠올리세요. 그 모습으로 과거 사건 속으로 들어가 봅니다. 당시의 어린 나를 안아주고 일으켜 세워주세요. 필요하다면 안심을 시켜주고, 때로는 가해자를 막아서 줄 수도 있습니다. 과거의 나에게 다가가서 물어봐 주세요. "지금 무엇이 필요한가요. 무엇을 원하고 있나요." 내가 듣고 싶었던 말을 과거의 나에게 들려주어도 좋습니다. 내가 과거의 나를 만나면 어떻게 돌볼 수 있을지, 어떤 말을 할 수 있을지 써 내려가 봅니다.

다음은 기억을 재구성할 때 도움이 되는 질문과 이를 토대로 D의 기억을 재구성한 기록입니다. 참고하여 나의 기억도 재구성해 보세요.

기억을 재구성할 때 도움이 되는 질문
- 지금의 내가 그때의 나를 찾아간다면 해주고 싶은 것은?
- 그때 내가 가장 듣고 싶었던 말은?
- 지금의 내가 해줄 수 있는 말 한 문장은?

✤ D의 '재구성된 기억' ✤

나는 그날의 교실에 들어간다. 뒤편에 어색하게 서있는 어린 내가 보인다. 나는 천천히 걸어가서 그 아이 앞에 허리를 숙이고 조용히 눈을 맞춘다. 그리고 손을 잡고 교실을 나와 학교 근처 천변을 따라 함께 걷는다. "많이 민망했지? 속상했겠다. 네가 지금 얼마나 서운한지, 외로운지 너무 잘 알아. 하지만 친구들이 너를 뽑지 않았던 것이 네가 소중한 사람이 아니라는 의미는 아니야. 너는 여전히 괜찮은 사람이야. 그리고 휴지를 떨어뜨린 것이 네 잘못만은 아니잖아. 자책하지 않아도 괜찮아." 나는 그 아이의 손을 꼭 잡는다. 아이의 표정이 조금 풀린다. "지금 너에게 뭐가 필요할까?" 조심스럽게 물어본다. 어린 내가 답한다. "친한 친구가 있었으면 좋겠어." "조금만 기다려. 이제 곧 생길 거야. 그 친구들을 내가 잘 알거든."

✤ 재구성된 나의 기억 ✤

당시의 욕구를 탐색하는 일은 가늠할 수도 표현할 수도 없었던 내 마음에 커다란 확성기를 갖다 대어주는 과정입니다. 어른이 된 나의 시선과 힘을 빌려, 이제라도 어린 나의 마음을 살피고 알아줄 수 있습니다. 이는 내가 상황에 수동적으로 휘둘린 존재가 아닌, 주체적으로 욕망하는 존재였음을 인정해 주는 과정이기도 합니다.
　　무엇을 바라고 있었는지 구체적인 단어로 표현해 주세요. 안전이든, 부모님의 인정이든, 친밀하거나 의지할 수 있는 누군가든, 그때의 어린 내가 바라고 있었던 것을 알아주세요.

'행복해지고 싶었다'거나 '일이 잘 풀리길 바랐다'와 같은 뭉뚱그린 바람 말고, 구체적인 나의 욕구를 찾아주세요. 누군가에게 학대를 당하는 상황에서 '그 상황이 빨리 끝나길 바랐다'고 느낀다면, 내가 원하는 것은 '안전'이었을 수 있습니다. 관계의 어려움을 겪는 상황에서 '사람들과 잘 지내고 싶었다'는 바람을 발견했다면, 조금 더 구체적으로 '이해받고 싶다'거나 '친밀하고 편안한 관계를 맺고 싶다'거나 '소속감을 갖고 싶다'는 욕구를 찾아줄 수 있습니다.

'마음이 편했으면 좋겠다'도 자주 품게 되는 바람입니다. 여기서 멈추지 말고, 내 마음이 편해지기 위해 필요하다고 생각했던 것이 무엇인지 물어보세요. 즉 '상대에게 존중받고 싶었다'거나 '시간을 자유롭게 쓰고 싶었다', '혼자 쉬기를 바랐다' 등 구체적으로 원했던 것이 무엇인지 떠올려보면 좋습니다.

H가 떠올린 것은 가족이 오랜만에 단란하게 앉아있던 풍경이었습니다. 행복한 기억 속에서도 여전히 어머니의 수고가 신경이 쓰였던 H는 아버지를 보살피며 일을 하고 살림도 도맡던 어머니를 기억해 냅니다. 그때의 나는 어머니가 좀 더 편안하길,

내가 어머니를 도울 수 있기를 바랐습니다. H가 '과거의 기억'이라는 질문을 받고 가족이 화목했던 한 장면이 가장 먼저 떠올랐던 것이나 그 장면에서 아버지를 자극하지 않기 위해 감정을 누른 것 모두 H에게 가정이 평화롭기를 바라는 마음이 컸기 때문이었습니다.

한편, D의 바람은 단순히 친구들에게 같은 팀으로 선택받거나 게임에서 이기는 것만은 아니었습니다. 친구들에게 소속되고 싶은 바람, 받아들여지고 이해받고 싶은 바람이 있었을 것입니다. 견디기 힘든 상황 속에서도 도망치거나 울분을 터뜨리지 않은 것은 스스로의 존엄을 지키고 싶은 바람, 학급에 폐가 되고 싶지 않은 바람도 있었기 때문입니다.

그 욕구를 읽어주고, "너는 충분히 그걸 바랄만 했어"라고 이야기해 주세요.

과거 기억은 나를 이루고 있는 하나의 이야기입니다. 지금까지의 작업은 그 기억을 회복의 이야기로 다시 써 내려가는 과정이었습니다. 과거의 사건 자체는 우리가 바꿀 수 없지만, 그 사건을 바라보고 해석하는 방식은 우리가 만들어갈 수 있습니다.

삶의 경험을 기억하는 방식은 개인의 정체성을 만드는 데 중요한 역할을 합니다. 과거 기억을 적극적으로 해석하는 과정을 통해 '서사적 정체성narrative identity'이라는 나에 대한 일관된 서사가 만들어집니다. H가 부모의 갈등 속에서 그저 무력하게 있던 사람이 아니라 적극적으로 가정의 평화를 바라고 도모했던 사람으로, D가 좌절스러운 상황에서도 스스로의 존엄을 지켜낸 사람으로 말이죠. 과거의 기억을 나만의 언어로 재구성하면서 우리는 혼란스러운 감정을 정리하고, 미숙했던 서사를 통합하여 건강한 서사로 만들고, 삶의 의미를 재정립할 수 있습니다.[23]

당시 내 욕구를 들여다보고, 그 상황의 맥락을 헤아려 재해석한 이야기 덕분에 우리는 자신을 바라보는 새로운 관점을 얻습니다. 자주 불편해지는 관계나 감정의 이유를 알아차리거나, 내 안의 용기, 이타심, 의지와 같은 것을 발견할 수 있을지도 모릅니다. 우리의 이야기는 이런 방식으로 계속 진화합니다.

어떤 기억을 떠올리든, 그 기억은 결코 사소하지 않습니다. 기억이 데리고 가는 곳으로 따라가 보세요. 그 순간의 나를 품고 다시 쓰는 여정이 끝나고 나면 나는 지금의 나를 조금 더 잘 이해하고 받아들이게 될 테니까요.

나도 나를
이해할 수 없을 때
1

의식의
흐름대로
글쓰기,

제대로
알기

> **끝까지 의심해야**
> **진짜 나를 만날 수 있습니다.**

    내가 왜 그런 행동을 했는지, 내 마음을 도무지 알 수 없을 때, 여러 감정이 동시에 솟아올라 혼란스러울 때 일단 무엇이든 써보세요. 답을 알고 있어서 글을 쓰는 건 아닙니다. 알 수 없기 때문에 '모르겠다'는 말에서 시작해도 괜찮습니다. 일단 생각나는 것은 모조리 쏟아놓습니다. 순서가 달라도, 논리가 엉망이어도 상관없습니다. 내 감정을 뒤흔든 사건, 여태껏 맴돌았던 생각, 나를 스쳐 지나간 감정을 모두 떠올려보세요. 마치 강에 넓은 어망을 던져놓고 그물에 걸려든 조각들을 하나씩 건져 올리듯, 듬성듬성 흩어진 감정과 생각을 하나씩 써 내려가 봅니다. 이 글쓰기를 '의식의 흐름대로 글쓰기'라 부릅니다. 여기에서는 의식의 흐름대로 글쓰기란 무엇인지, 어떤 효과가 있는지, 제 사례를 들어 소개하고 이어지는 '의식의 흐름대로 글쓰기, 적용하기'에서 구체적인 방법을 다루겠습니다.

    이 글쓰기를 시작할 때는 '왜 저 사람 말에만 이다지도 예민하게 반응하는 걸까?', '나는 이 일이 왜 이렇게 화가 나지?', '도대체 내 마음은 무엇일까?'와 같은 질문으로 시작해도 괜찮습니다. 언뜻 떠오른 상대의 말이나 내 행동이 있다면 그것부터 써도 좋습니다. 그 모든 것들은 이 질문에 직접적이든 간접적이든 하나의 답이 되어줄 것입니다.

저 역시 하루 종일 몰아치듯 일했던 어느 날, 목구멍까지 걸려있던 질문을 쏟아낸 적이 있습니다. "나는 왜 이렇게 쉬지 못하고 무언가를 계속하고 있는 걸까?" 실은 여러 차례 내게 묻고 답을 얻지 못했던 질문이라 이번에도 뾰족한 결론을 내리지 못할 수도 있었습니다. 하지만 마음을 풀고 써 내려간다는 것은 꼭 정답을 찾기 위한 것만은 아닙니다. 스스로 질문하고 의문을 해결하려는 과정에서 긴장되었던 마음이 해소되고 나를 이해하기 위한 실마리가 조금 더 생깁니다.

> **쓰다 보면 오래전 일이 떠오르기도 합니다.**

지금의 감정을 글로 쓰다 보면 가끔 과거 어느 날이 불현듯 떠오르기도 합니다. 관련 없는 기억도 있지만, 어떤 내용은 찬찬히 그 의미를 살펴보면 연결고리가 보입니다.

저는 문득 고등학교 3학년 어느 날 집에 찾아온 교회 목사님이 떠올랐습니다. 당시 무얼 위해 기도해 주면 좋겠냐는 목사님의 질문에, "원하는 만큼, 계속 공부할 수 있으면 좋겠어요"라고 답했습니다. 그때는 학업을 오래 이어갈 수 있을 만큼 집안 형편이 넉넉하지는 않다고 생각했고, 부모님께 의지하고 싶지 않기도 했습니다. 막연히 공부를 계속하고 싶다고 답했지만, 그다지 학구적이거나 학교 공부를 재미있어하는 편은 아니었습니다. 학위를 받거나 학자가 되고 싶은 마음은 더욱 없었습니다. 그럼에도 왜 목사님의 물음에 단번에 '공부를 계속하고 싶다'고 답했을까, 과거의 나에게 되물었습니다.

지금 와서 생각해 보니, 그때 내가 말한 공부는 입시나 진학과 관련된 공부라기보다 당시의 나에게서 벗어나 또 다른 세계로 데려다줄 무엇이었습니다. 결과적으로 공부를 하느라 고향을 벗어나 다른 도시, 잠시는 유럽 어느 나라까지 다녀왔고, 궁금했던 심리학, 공동체, 글쓰기 따위를 배우면서 낯선 세계를 이야기하는 사람들을 만났습니다. 그렇게 내 시선과 생각이 바뀌어왔습니다.

생각이 여기까지 미치자, "나는 왜 이렇게 쉬지 못하고 무언가를 계속하고 있는 걸까?"라는 질문에 "가만, 내가 가만히 있지 못하는 것은 공부를 계속하고 있기 때문 아닐까"라는 문장이 이어졌습니다. 낯선 분야의 책을 읽고 흠모하는 사람들의 삶을 엿보고, 새로운 일을 시도해 보는 것 모두 '성장하고픈 욕망'과 맞닿아 있었습니다. 과거의 그 사건이 왜 떠올랐는지 그제야 어렴풋이 이해가 되었습니다.

**답을 찾았다고 생각했을 때,
한 번 더 의심해 봅니다.**

여기서 질문을 멈추지 않는다면, 더 깊은 자신과 만날 수 있습니다. 한 번 더 스스로에게 '왜?'냐고 묻고 또 의심하는 것입니다. "그렇다면 내게 공부는 왜 그렇게 중요했던 걸까." 질문에 마침표를 찍기도 전에, 내가 공부를 통해 얻은 것들이 주르륵 펜에서 흘러나왔습니다. "그래서 무언가에 도전하고 여행을 떠나고 새로운 사람들을 만났던 게 아닐까." 언젠가 익숙한 세계에서 한 걸음 벗어나자 내 생각을 지배하던 것들이 비로소 보였고, 그 깨달음이 충격적으로 다가왔던 기억도 떠올랐습니다.

답이 너무 쉽게 얻어진 것 같다면, 의심해 보아도 좋습니다. 미디어나 책, 타인의 말에서 들었음직한 문장이나 단어로 쉽게 결론짓고 있다면, 그 답이 참말로 자신이 동의한 것인지. 자신에게도 진실한지 되물어 보는 것입니다. '모나지 않아야 한다'거나 '돈을 많이 벌어둬야 한다'거나 '열심히 일해야 한다'처럼 많은 사람들이 그렇다고 이야기하는 것에 제동을 걸어봅니다. 아무런 의심 없이 지금껏 으레 그렇겠거니 하고 받아들였던 것일수록 집요하게 물음표를 달아봅니다.

저의 경우 "혹시 '성장'이라는 누군가가 만들어놓은 프레임에 갇혀 보고 있는 것은 아닐까?"라고 스스로에게 딴지를 걸어보기도 했습니다. '성장이라는 다소 긍정적이고 피상적으로 포장된 단어에 갇혀 진짜 욕구는 제대로 들여다보지 못하고 있는 것은 아닐까?', '반드시 성장해야 하는 것일까?', '성장이 내 삶에 그토록 중요한 것일까?'라는 의문은 '성장이 내게 어떤 의미일까?'라는 질문으로 이어졌습니다.

**뻔한 단어는
고쳐보세요.**

너무 익숙하고 뻔해 보이는 단어라면, 오히려 그 단어가 내게 어떤 의미를 갖는지 스스로에게 물어보는 것도 좋습니다. 우리가 일상 속에서 흔히 사용하는 말이라도, 사람마다 거기에 담긴 감정과 기억은 전혀 다를 수 있습니다. 예를 들어 '성실'이라는 단어만 해도, 누군가에게는 목표를 이룬 뒤 찾아오는 뿌듯함을 떠올리게 하지만, 또 어떤 이에게는 불가피한 현실 속에서 스스로를 몰아세웠던 지난날의 한스러움을 되새기게 하기도 합니다. 자신이 늘 중도에 포기하고 만다고 느끼는 사람에게는, 그 단어 자체가 자책의 그림자를 드리우는 말이 되기도 합니다. 따라서 그 단어가 지금의 나에게 어떤 의미로 다가오는지를 스스로에게 물어본다면, 나에 대해 보다 많은 이야기를 듣게 될지 모릅니다.

"나에게 성장이란 무엇이었을까?" 질문하기 시작했습니다. 단순히 기술을 연마하고 더 많은 지식을 소유하는 것이라기보다, 세상을 보다 진실되게 바라보고, 타인의 목소리가 아닌 나만의 기준을 스스로 세워가는 일. 그리고 그 기준의 날을 더욱 예리하게 벼려가는 것이 내가 바라는 성장에 가까웠습니다. 세상을 새롭게 이해하게 해준 어떤 담론에 희열을 느꼈던 순간들, 통념을 거스르며 살아가는 누군가의 삶을 보며 나를 억눌러 온 규범에 균열이 생기던 시간들이 떠올랐습니다.

이어서 떠오른 단어는 '자유'였습니다. 내가 바라는 공부의 끝은 자유에 있었습니다. 공부를 통해 다양한 시각을 획득하고, 내 생각에 확신을 채우고, 정해진 길에서 벗어나 주체적으로 판단할 수 있을 때 자유롭다고 느꼈습니다.

여기서 더 멈추지 않고 질문을 계속 이어나갈 수 있습니다. 나는 어쩌다 자유를 그렇게 갈구하게 되었는지, 자유를 위한 공부라지만 여유로운 삶을 포기해도 좋을 만큼 그렇게 중요한지 내게 계속 묻는 것입니다.

> **문득 떠오른 생각에 주목하세요.**

게슈탈트 심리치료Gestalt Therapy(지금 이 순간의 감정, 욕구, 신체 감각 등을 알아차리면서, 해소하지 못했던 마음의 조각들을 하나로 통합해가는 심리치료)에서는 미해결된 과제가 언젠가는 의식으로 떠오르기 마련이라고 말합니다. 여러 감정이나 생각은 우리가 의식을 두지 않으면 '배경ground'에 머무르다가, 의식을 기울이면 '전경figure'으로 떠올라 해결할 수 있게 됩니다. 특히 중요한 욕구나 감정이 해소되지 않은 채 남아있을 경우, 배경으로 완전히 사라지지 못하고 '미해결 과제 unfinished business'로 남게 되며, 반복적으로 전경으로 떠오르게 됩니다.[24]

큰 걱정거리가 있으면, 다른 일에 집중하다가도 한순간에 다시 그 생각에 사로잡히게 됩니다. 연인과 크게 다툰 사람은 친구와 이야기를 나누다가도 어떻게든 푸념이 새어 나오고야 말고, 경제적 문제로 어려움이 있는 사람은 회의 시간에도 자꾸 그 고민에 빠지게 됩니다. 그 모든 것이 내게 중요한 문제이기 때문입니다. 이런 문제가 불시에 떠오른다면, 내게 주목하고 알아달라는 신호일 수 있습니다. 문득 떠오른 생각들이 내게 어떤 말을 거는지 살피면서 계속 써 내려나갑니다.

하나의 주제를 따라 글을 밀고 나가는 일은 생각만큼 쉽지 않습니다. 글을 쓰다 보면 중간중간 전혀 다른 의문이 떠오르거나 관련 없는 생각들이 끼어들기 마련입니다. 그런 생각들을 억지로 밀어내기보다는 함께 써 내려가는 편이 낫습니다. 어쩌면 지금 나에게 중요한 주제이기 때문에 문득 떠오른 것일지도 모릅니다. 즉흥적으로 스친 생각들을 적다가 다시 원래의 주제로 돌아와도 괜찮습니다.

이 모든 과정을 통해, 나는 조금씩 나에 대해 더 잘 알아갑니다. 비록 명확한 결론에 닿지 못하고, 내 질문에 뚜렷한 답을 얻지 못하더라도, 그 여정 속에서 내게 진정 중요한 것이 무엇인지, 내가 충만함을 느꼈던 순간이 언제였는지를 발견하고 그곳에 머무를 수 있습니다. 오늘의 이 작은 발견에 기대어, 나는 내일 혹은 언젠가 '왜 나는 이토록 성장에 매달리는가?'라는 질문을 품고 또다시 글을 이어가게 될지도 모릅니다.

> **쓰다 보면**
> **이해할 만한 사람이 됩니다.**

    결국 글을 쓰는 것은 나를 이해하기 위해서일 것입니다. 이것이 가능한 까닭은 우리 모두는 이해할 만한 마음을 가지고 있기 때문입니다. 겉으로는 뒤죽박죽으로 보일지 모르지만, 지금 어떤 상황에 처했는지 찬찬히 들여다보면 그럴만한 맥락과 이유를 가진 욕구가 자리 잡고 있습니다. 아이가 막무가내로 짜증을 낼 때도, 식사 시간이 지나 배가 고픈 상태이고 낮에 친구와 다퉈 스트레스를 받았음을 기억해 낼 수 있다면 아이의 짜증이 이해됩니다.

    내 마음도 다르지 않습니다. 아침까지만 해도 괜찮았던 마음이 한없이 무거워졌을 수 있습니다. 오랜만에 반가운 친구와 식사를 하고 나서 왜인지 기분이 가라앉기도 하고, 평소에는 넘어갈 수 있는 아이의 행동에 언성을 높이게 되기도 합니다. 그 감정의 밑바닥엔 무언가 이유가 있습니다. 요즘따라 기운이 없다는 엄마와의 통화가 마음에 걸렸을 수도 있고, 친구의 승진 소식에 '나만 제자리걸음인가' 하는 씁쓸한 감정이 남았을 수 있습니다. 혹은 야근에 감기기운까지 겹쳐 피로가 쌓인 몸이 감정의 에너지를 바닥냈을 수도 있고요.

  글을 쓰다 그 이유를 만나게 되면, 내 마음은 한결 그럴만하게 느껴지고, 나는 이해할 만한 사람이 됩니다.

  그러니 내 마음을 보다 편하게 받아들일 수 있도록 거센 감정의 한복판으로 조심스럽게 들어가 봅시다. 폭풍 치는 마음 한가운데로 걸어 들어가서 찬찬히 들여다보기를 권합니다. 일단 어떤 단어라도 쓰기 시작하면 이해받고 싶었던 마음이 흘러나올 것입니다.

나도 나를
이해할 수 없을 때
2

의식의
흐름대로
글쓰기,

적용
하기

> **떠오르는 대로**
>
> **자유롭게 써 내려가세요.**

    우리가 100여 년 전 프로이트의 치료실로 갈 수 있다면, 그는 아마 우리에게 이런 말을 했을 것입니다. "떠오르는 대로 자유롭게 이야기해 보세요. 정당하지 않은 감정이든, 의미 없는 기억이든, 논리적으로 말이 되지 않는 생각이든, 그 무엇이든 괜찮습니다"라고요. 프로이트는 인간의 정신 구조 중 무의식은 평소 잘 알아차릴 수 없지만, 우리의 행동과 감정에 중요한 영향을 미친다고 보았습니다. 이러한 무의식에 닿는 방법 중 하나로 '자유 연상free association'이라는 기법을 사용했습니다.

    자유 연상은 마음속에 떠오르는 그 어떤 것도 검열 없이 그대로 말하도록 유도하는 기법입니다. 이를 통해 내담자는 점차 심리적 긴장이 느슨해져 억눌려 있던 감정이나 기억, 생각을 의식 수준으로 끌어올릴 수 있게 됩니다.

    이러한 자유 연상의 원리는 치료적 글쓰기에서도 쓰입니다. 정신분석 치료실에서 내담자가 카우치에 누워 무의식의 흐름을 따라 자유롭게 말을 쏟아내듯, 백지를 앞에 두고 떠오르는 문장을 거르지 않고 그대로 써 내려가는 겁니다. 그렇게 쓰다 보면 문득 마음 깊은 곳에 있던 진실과 마주치는 순간이 찾아옵니다.

이 글쓰기에서 결과물 자체는 중요하지 않습니다. 사실 이렇게 떠오르는 대로 쓴 글은 종종 논리적으로 연결되지 않는 파편적인 글에 가깝습니다. 하지만 글을 써 내려가는 과정 속에서 내가 미처 인식하지 못했던 감정이나 생각의 흐름을 발견하게 되고, 새로운 관점이나 의미와 연결되는 '통찰의 순간'을 맞이할 수 있습니다. 그래서 이 글쓰기는 '잘 쓴 글'이 아니라, '진솔한 글'일수록 더 가치 있습니다.[25]

> **가능한 한 빠른 속도로,
> 멈추지 말고 계속 쓰세요.**

처음에는 5분이나 10분 정도로 시간을 정해두고 시작하길 권합니다. 짧은 시간 동안 머릿속에 떠오르는 말을 쉬지 않고 쏟아내듯 써보세요. 차츰 글쓰기에 익숙해지면 20분이나 30분 정도로 시간을 늘려보는 것도 좋습니다. 하지만 이런 글쓰기가 아직 낯설게 느껴진다면, 처음에는 짧은 시간부터 시작하는 것이 효과적입니다. 저명한 저널 치료사 캐슬린 애덤스Kathleen Adams는

5분 동안 전력 질주하듯 글을 쓸 때 강도 높은 몰입 상태를 경험할 수 있으며, 특히 글쓰기에 거부감이 있거나 어떻게 시작해야 할지 모르는 초보자들에게 유용한 방법이라고 권했습니다.[26]

글을 쓰는 도중에 할 말이 생각나지 않더라도, 멈추지 말고 그 순간 떠오르는 말을 그대로 적어보세요. '왜 이렇게 생각이 안 나지', '무슨 말을 써야 할지 모르겠다'와 같은 문장을 반복해도 괜찮습니다. 중요한 것은 글의 흐름을 멈추지 않는 것입니다.

중간에 글쓰기를 멈추면 내면의 검열자가 끼어들기 쉽습니다. 검열자는 내가 글을 쓰는 행위나 글의 내용을 평가하고 간섭합니다. '이 말이 맞아?', '여기 단어 틀렸네', '근데 이 이야기는 왜 써?' 같은 의문을 던지고, 막 나오려던 이야기는 주춤하게 됩니다. 한 차례 생각하고 쓰면, 그만큼 생각이라는 필터를 통과한 이야기로 정제됩니다. 반대로 빠르게 써 내려가면, 적고 있는 내용에 대해 의식하지 않을 수 있어 더 생생하고 솔직한 이야기가 나올 수 있습니다.

강물에는 빗물에 쓸려온 흙탕물뿐 아니라 낙엽이나 나뭇가지와 같은 부유물도 함께 떠다닙니다. 하지만 흐르기 때문에 썩지 않고 정화됩니다. 글쓰기도 마찬가지입니다. 어지러운 생각, 혼란스러운 감정이 섞여있어도 멈추지 않고 흘려보낼 때, 마음이 맑게 보이는 지점에 다다를 수 있습니다. 중요한 것은 글을 계속 흘려보내는 것입니다.

> **무엇보다도,
> 완전히 진실하게 써보세요.**

　　의식의 흐름대로 글쓰기에서 가장 중요한 원칙은 생각을 검열하거나 편집하지 않는 것입니다. 맞춤법이나 문법, 글씨체는 신경 쓰지 않아도 됩니다. 떠오르는 생각이 비도덕적이거나 상식에서 벗어나더라도, 논리적이지 않거나 유치하게 느껴지더라도 괜찮습니다. 오히려 그런 생각일수록 내면 깊은 곳의 감정이나 욕구를 반영하고 있을 가능성이 큽니다. 이 글은 타인이나 심지어 자기 자신에게 보여주기 위한 것이 아니며, 가장 솔직한 자기를 마주하기 위한 기록임을 잊지 마세요. 마음속의 이야기를 있는 그대로 꺼내어 놓아보세요.

❖ 의식의 흐름대로 글쓰기 예시 ❖

기분이 처지는 까닭이 무엇일까. 서늘한 기분, 외롭고 스산한 기분, 불쾌하고 다운되는 기분. 특별히 스트레스가 있었던 것도 아닌데 괜스레 처지고 울적해지는 건 왜일까. 고립된 환경이라는 제한이 주는 갑갑함과 단절감, 하루가 또 별다른 큰 성과 없이 끝났다는 씁쓸하고 불쾌한 기분. 하루하루가 그냥 지나가는 것 같다. 내가 뭔가 놓친 것 같은 기분. 삶이 잘못 굴러가고 있다는 느낌. 내 삶이 고되고 의미 없이 흘러간다는 기분. 피곤하고 신경을 많이 쓰는 게 고되다는, 그건 내가 overloaded 되었을 때 그런 일이 생기는 건 아닐까. 해야 할 일이 많고, 계속 열심히 해내고 있는데, 또 해내지 못한 일이 보일 때, 난 고되다고 느끼는 게 아닐까, 그럴 때 피로하고 울적한 기분이 찾아온다. 이렇게 글을 쓰면 과연 나아질까. 너무 힘을 줘서 펜을 잡아서인지 손이 아파 온다. 무언가 답을 알 듯 말 듯, 잘 모르겠다.

어느 저녁, 정체를 알 수 없는 마음을 붙들고 쓴 글입니다. 전혀 논리적이지도 정돈되지도 않은 문장이 마구잡이로 나열되어 있습니다. "기분이 처지는 까닭이 무엇일까"라는 질문에서 시작하지만, 정작 질문에 대한 답은 찾지도 못했습니다. 오히려 '과연 나아질까'와 같은 새로운 의문이 남았습니다. 그저 마음의 흐름을 그대로 글로 옮기면서, 지금 내 감정과 신체 감각, 생각을 하나씩 탐색했습니다. 이 글쓰기는 해답을 찾기 위한 글쓰기가 아닙니다. 그저 지금의 마음을 차근차근 알아주었으면 충분합니다. '내가 overloaded 되었을 때 그런 일이 생기는 게 아닐까'라는 추측까지 갔다면, 다음에 비슷한 마음 상태가 되었을 때 과연 같은 문제 때문인지 검증해 볼 수도 있고, 아니면 또 다른 이유를 생각해 볼 수도 있을 것입니다. 이런 식으로 나에 대한 이해가 조금씩 넓어질 수 있습니다.

❖ 의식의 흐름대로 글쓰기 ❖

> **지금 이 순간에
> 집중해 보세요.**

처음 시작을 어떻게 해야 할지 모르겠다면, 그 순간 느껴지는 감각이나 감정에 집중해 보면 좋습니다. '머리가 지끈거린다' 혹은 '마음이 무겁다', '기분이 좋다'와 같이 지금 내 상태에서 출발해서 그 이유를 찾아가는 글도 괜찮습니다. 또는 자꾸 생각나는 말이나 장면이 있다면 외면하지 말고 써 내려가 보세요. 내가 한번쯤 들여다봐 주길 바라는 글감일 수 있습니다. 다만, 아직 감당하기 힘든 트라우마나 갈등은 혼자 파고들 때 정서적인 고통이 더욱 심해질 수 있으므로, 무리해서 들여다보기보다는 피하는 것이 좋습니다. 글을 시작할 때 아래와 같은 질문이 도움이 됩니다.

시작을 돕는 질문
- 지금 가장 마음에 걸리는 일은?
- 지금 바로 머리에 떠오르는 장면(기억)은?
- 지금 가장 답답한 것은?
- 내가 가장 쓰기 싫은 것은?
- 오늘 가장 충격적이었던 일은?

도저히 아무런 생각이 떠오르지 않아 무슨 글을 써야 할지 모를 때는, 신체 감각에 집중해서 써보세요. 우리 몸은 늘 무언가를 말하고 있습니다. 배가 조이는 느낌이나 차가운 손가락, 집중하느라 힘이 들어간 이마까지 평소에는 의식하지 못했던 감각도 집중해서 글로 옮기기 시작하면 나를 봐달라고 아우성치는 듯 생생히 느껴집니다. 지금 알아차리게 된 감각에 하나씩 주의를 두면서 몸의 언어를 글로 옮겨주세요.

신체 감각은 오늘의 피로나 현재의 감정, 신체적 필요 등 다양한 메시지를 던져줍니다. 그 메시지를 따라가다 보면 또 다른 생각이나 사건이 떠오르기도 합니다. 자연스럽게 떠오르는 장면으로 넘어가도 좋습니다.

❖ **신체 감각에 집중해서 쓰기 예시** ❖

어깻죽지가 저릿하다. 가슴이 꽉 막힌 것 같다. 코끝이 간질거린다. 손에 잡힌 볼펜의 고무 손잡이가 말랑하다. 쓱쓱 사각사각 써지는 소리가 들린다. 손가락에 볼펜이 닿는 곳이 부드럽게 느껴진다. 가슴이 조여 오는 듯 답답하다. 머리가 살짝 아프다. 손을 받치고 있는 볼이 따끈하다. 다시 머리에 통증이 느껴진다. 오늘 아침에 거래처 직원과 실랑이를 한 뒤부터 머리가 아팠던 것 같다.

> ❖ **신체 감각에 집중해서 쓰기** ❖

**너그러운 누군가에게
말하듯 써보세요.**

　당신을 가장 잘 이해하고, 어떤 이야기를 해도 받아줄 것 같은 사람을 떠올려보세요. 이 사람에게는 내가 얼마나 이기적이고 유치했는지 고백해도 안전합니다. 속으로 친구를 미워하거나 어려운 상황에 처한 가족을 부담스럽게 느꼈던 일도, 중요한 발표 준비를 미루다 망쳐버린 일도 쭈뼛거리며 털어놓으면, 그는 진심 어린 표정으로 '그럴 수도 있지' 하며 고개를 끄덕여 줍니다. 그러고는 더 이야기해 보라며 다정히 재촉합니다.

그는 내가 어떤 이야기를 해도 흔들리지 않고 단단하게 버텨 줍니다. 어떤 어이없는 사건도, 비상식적이고 이해 불가한 마음도, 자기관리가 안 되어 엉망인 모습도 모두 별일 아니라는 눈빛으로 바라봅니다. 그래서 그 앞에서는 어떤 말이든 안심하고 털어놓을 수 있습니다. 종교가 있다면, 신이나 절대자로 상상해도 좋습니다.

그런 존재 앞에 있다고 상상하고 글을 시작합니다. 그는 내 이야기를 듣기 위해 기다리고 있습니다. 내 마음 저 깊은 곳에 있는 더 솔직한 이야기를요. 어떤 이야기든 나를 판단하지 않고 있는 그대로 받아들여 줄 것입니다.

인터뷰하듯 쓰세요.

상담은 질문을 통해서 답을 찾아가는 과정입니다. 상담자는 직접적인 해답을 주기보다는 내담자의 내면에 이미 존재하는 진실에 닿을 수 있도록 질문을 건넵니다. 질문을 따라가다 보면, 내담자는 자신의 솔직한 감정과 욕구에 이르고, 어느새 스스로 해결할 수 있다는 용기와 힘을 얻게 됩니다.

글쓰기는 내가 나의 상담자가 되어 나 자신에게 묻고 답하는 과정입니다. 모호하게 느껴지던 감정과 생각을 글로 붙잡아 하나씩 묻고 따질수록 내 마음은 조금씩 더 선명해집니다. 과연 그러한지, 그렇게 생각한 이유가 무엇인지, 그 욕구가 진짜 내 욕구인지 집요하게 물어보세요. 나를 꼼꼼하게 인터뷰하듯 치밀하게 묻고, 솔직하게 답해보세요.

더 깊은 탐색을 돕는 질문

- 사실은……
- 더 솔직해지자면,
- 근데 과연 그럴까?
- 왜 그랬을까?
- 이것이 나에게 어떤 의미일까?
- 이 생각이 진짜 내 생각이 맞을까?
- 나는 왜 이런 생각을 하게 되었을까?
- 언제부터 그랬지?

❖ 인터뷰하듯 쓰기 예시1 ❖

요즘 엄마로서 뭘 잘하고 있는 거 같지가 않다. 왜 그런 마음이 들었을까. 아이가 자기관리를 잘 못하는 거 같아서. 인터넷 하는 시간을 조절하지 못하고, 해야 할 일에도 집중하지 않는 거 같아서. 아이가 좋은 생활습관을 갖도록 양육하지 못하는 엄마라는 기분이 들어서. 그런데 엄마는 다 그렇게 해야 하는 것일까. 아이도 아이의 생각과 감정이 있고 로봇도 아닌데 엄마가 그걸 다 통제할 수 있다는 것 자체가 하나의 거짓 신화 같은 게 아닐까. 아이는 아이의 방식으로 살아가고 있고, 학교도 잘 다니고 친구와도 잘 지내고 있는데, 내가 생각하는 이상적인 모습에 가까워지길 종용하고, 그렇게 아이를 기르지 못하면 이상적인 엄마가 되지 못할 거라고 스스로 생각하는 게 아닐까. 결국 아이에게나 나에게나 누군가가 만들어놓은 기준을 들이대고 있었던 게 아닐까. 그 기준에서는 아이나 나나 낙제니까 기분이 안 좋았던 게 당연하고.

❖ 인터뷰하듯 쓰기 예시2 ❖

어제 언니네가 집에 왔을 때 기분이 별로였다. 사실은 안 왔으면 바랐다. 엄마가 몸이 안 좋은데 지난 두 주 내내 나 몰라라 하더니 아빠가 친구에게 받아 온 건강식품을 챙기러 온 것이었다. 왜 그게 마음이 불편했을까. 언니는 평소에도 엄마에게 무심하다. 엄마 일을 도우러 온 적도, 엄마가 어디 멀리 가야 할 때 차를 태워준 적도 없고, 전화도 잘 하지 않는다. 그게 왜 화가 나는 걸까. 엄마가 이제 얼마나 사시겠나 싶고 고생한 엄마 기분을 좋게 해주면 좋겠다. 나는 언제부터 이런 생각을 하기 시작했을까. 어릴 때 피곤해 보이는 엄마를 보면서 나는 늘 엄마를 기분 좋게 해주고 싶다고 생각했다. 그래서 언니가 엄마 말을 안 듣고 하고 싶은 대로 할 때면 화가 났다. 언니 때문에 엄마 삶이 더 힘겨워지는 것 같았다. 엄마가 이렇게 고생하는데 그러면 안 되는 거 아닌가. 나는 왜 엄마가 힘들어 보였을까.

예시에서처럼 내 행동의 이유를 지레짐작하지 않고, '왜?'라고 집요하게 질문할수록 내가 생각하지 못했던 나를 만날 확률이 높아집니다.

여기서 중요한 것은 상대의 행동을 분석하는 질문이 아닌 내 행동의 이유를 묻는 질문이라는 점입니다. 우리가 상대의 행동에 기분이 나쁜 것은 상대의 행동 그 자체 때문만은 아닙니다. 자극제가 되었을 수 있지만, 기분이 상하게 된 맥락은 나에게 있습니다. 상대의 행동이 내가 기대했던 모습이 아니었거나 내가 유독 그런 행동이 힘든 어떤 이유가 있을 수도 있어요.

동료가 "이 부분은 좀 더 신경 써줬으면 좋겠어"라고 말했을 때, 이를 업무에 대한 단순한 피드백으로 받아들인다면 기분이 크게 상하지 않을 수도 있습니다. 하지만 스스로에게 '완벽해야 한다'는 기대가 크거나, 동료에게 부정적인 감정을 갖고 있었거나, 결과물에 대한 불만으로 이미 주눅 들어있는 상태라면, 같은 말에도 매우 수치스러워지거나 화가 날 수 있습니다. 글쓰기는 이런 내면에 있는 이유를 발견해 나가는 과정입니다.

모든 것을 내 탓으로 돌리자는 것은 아닙니다. 상대를 탓하는 데만 몰두하면 우리 머릿속에서는 상대에 대한 비난과 해석이 증폭되며 감정도 더욱 거세질 수 있습니다. 반면, '나는 무엇 때문에 화가 났을까?', '어떤 욕구가 충족되지 않았을까?'라는 질문을 통해 스스로를 객관적으로 바라볼 수 있다면, 그만큼 감정을 조절하고 마음의 평안을 확보하기 쉬워집니다.

❖ 인터뷰하듯 쓰기 ❖

※ **답변이 선명해질 때까지 질문하세요.**

　'이것', '이렇게', '이런 느낌', '저번에 한 거'와 같은 대명사나 모호한 지칭은 되도록 구체적인 단어로 바꿔줍니다. 예를 들어, '저번에 그 일 때문에 아직 마음이 복잡하다'라는 문장이 나왔다면, 스스로 인터뷰어가 되어 '저번에 그 일이 어떤 일이었나?'라고 질문할 수 있습니다. '지난 금요일에 남편과 다퉜던 일'처럼 더 명확한 표현으로 바꿔 써봅니다.

또 '오늘은 좀 그랬다'라고 적었다면, '오늘 기분이 어땠다는 거지? 오늘 무슨 일이 있었기에?'라고 묻습니다. '오늘은 아침부터 지하철을 놓쳐 지각했고, 점심에는 새로 산 흰 셔츠에 김치 국물이 튀었고, 저녁엔 피곤해서 요가 수업을 빠졌다'처럼 상황을 구체화해 봅니다. '예전 같지가 않다'라는 말도 '예전엔 누가 만나자고 하면 바로 약속을 잡았는데, 이젠 답장 보내는 것도 미루게 된다'처럼 보다 실제적인 행동으로 바꿔 써봅니다. 이처럼 모호한 표현을 구체적으로 풀어내면서 두루뭉술하게 느껴졌던 상황이나 마음이 점차 분명해집니다.

※ 순간적으로 튀어나오는 해결책을 조심하세요.

'앞으로 더 노력해야겠다'라거나 '역시 사람은 겉만 보고 믿으면 안 된다', '아이를 위해 엄마 역할이 중요하다'처럼 평소 내가 자주 생각하던 결론으로 글이 흐르고 있다면, 잠깐 멈춰보세요. 우리는 같은 일을 경험하더라도 늘 해오던 익숙한 방식으로 해석하려는 경향이 있습니다. 예를 들어, 친한 친구와 서먹해졌을 때, 누군가는 '내가 잘못했나 보다'라고 자신을 먼저 탓하기도 하지만, 어떤 사람은 '저럴 줄 알았어' 하고 상대를 비난하거나 '역시 혼자가 제일 편해'라며 뒤로 물러나 버리기도 합니다. 성과가 잘 나오지 않는 상황에서 '이걸로 부족해. 더 잠을 줄이고 열심히 해야 해'라는 결론에 이르는 사람도 있지만, '역시 나는 이쪽으로는 재능이 없어'라고 자포자기하는 반응이 먼저 나오는 사람도 있습니다.

보통 이런 반응은 한때 우리에게 실제로 도움이 됐던 방식이었을지도 모릅니다. 문제를 빠르게 해결하려는 추진력이나 스스로를 지키기 위한 거리 두기 같은 것들은 실제로 우리를 위기에서 벗어나게 하고, 정서적인 상처를 덜 받도록 도와줬을 수 있습니다. 하지만 그런 방식이 언제나 효과적인 건 아닙니다. 어떤 때는 그 익숙한 해석과 반응이 오히려 상황을 더 어렵게 만들기도 합니다. 문제를 지나치게 통제하려다 지쳐버리거나, 상황을 피하려다 같은 문제가 반복되기도 합니다.

쉽게 이르게 되는 결론에 의문을 제기해 보세요. '왜 나는 여기서 더 열심히 해야 한다고 생각하지?', '왜 나는 여기서 포기하고 싶어 하지?', '진짜 내 잘못이 맞나?'와 같은 질문을 스스로에게 던져보는 것입니다. 그렇게 생각한 이유는 무엇인지, 그 방식이 나에게 어떤 이득을 주는지, 그리고 지금의 문제를 정말 해결해 줄 수 있는지 따져봅니다. 이 과정을 통해 내가 가지고 있던 편견이나 고정된 생각을 되짚어 볼 수 있을 것입니다.

> **시작했다면,
> 계속 써보세요.**

당장은 글을 쓴 후 기분이 좋지 않을 수 있습니다. 특히 한 번도 생각해 보지 않았던 과거의 사건을 글로 쓰면 당시의 부정적인 감정이 다시 떠오르면서 마음이 무거워지기 쉽습니다. 이럴 때는 무리하지 말고 나만의 안전존으로 돌아오세요.

오랜 갈등이나 어린 시절의 깊은 상처처럼 무거운 주제가 아니라면, 그리고 글쓰기가 나에게 도움이 된다고 느껴진다면, 사흘이나 나흘 정도는 연달아 써보기를 권합니다. 글쓰기와 관련된 대부분의 연구에서 3일 혹은 4일 동안 연속해서 글을 썼을 때 정서적, 신체적으로 도움이 되었다고 보고되고 있습니다.[27]

일단 시작했다면, 글을 쭉 써 내려가 보세요. 중간에 글이 막혀서 더 나가지 않는 순간이 왔다거나 슬그머니 그만 쓰고 싶어진다면, '사실은', '더 솔직히 말하자면'이라는 문구를 넣기도 하면서요. 그리고 다시 한번 무한히 자애롭고 강인한 존재를 떠올려보세요. 가장 솔직한 이야기를 기다리는 그의 시선에 기대어, 마음속에 갇혀있던 말들이 천천히 걸어 나오기를 바랍니다.

나에게
화가 나서
참을 수 없을 때

숨겨진
진짜
욕구를
찾아주는

자책
일기

> 한심스럽고 바보 같았던 순간을
> 기록해 보세요.

오늘 하루 중 스스로를 자책하게 되는 순간이 있었나요. '바보같이' 누군가의 눈속임에 넘어가 손해를 보았거나, 감정이 앞서서 괜한 말을 해버렸거나, 중요한 일을 미루다가 결국 제대로 해내지 못했다거나 하는 그런 일이요. 자신이 한심스럽게 느껴지는 일들은 일상에서 허다하게 일어나고, 우리를 수치심에 빠져들게 만듭니다.

수치심이 견디기 힘든 이유는 부족한 모습인 채로는 다른 사람들로부터 사랑받거나 받아들여질 수 없다고 여기기 때문입니다. 미국의 심리학자이자 명상지도자인 타라 브랙Tara Brach은 '나는 가치가 없다'는 느낌은 사람들과 분리되었다는 느낌과 이어져 있다고 말합니다.[28]

우리는 태어날 때부터 사랑받고 연결되고픈 바람을 본능처럼 가지고 있습니다. 그래서 누군가에게 받아들여지지 못할 거라는 단절감은 단순한 외로움 그 이상으로 존재를 흔들어놓습니다. 특히 어린 시절 비난을 심하게 받았거나 따돌림, 학대를 받았던 사람들은 이러한 단절의 기억을 가지고 있기 때문에 더욱 괴로울 수 있습니다. 그 일을 떠올리기만 해도 저 깊은 밑바닥까지 추락하는 느낌이 듭니다. 의식적으로 떠올리지 않더라도 이미 이 사건은 세수를 할 때, 길을 걸을 때, 설거지를 할 때 불쑥불쑥 우리를 찾아왔을 것입니다. 무의식적으로 우리를 비난하는 메시지를 보내기 때문에 직면할 때마다 불안하고 불편해집니다. 이 사건을 놓아주기 위해서는 마주하는 방법밖에 없습니다. 내 이야기를 편견 없이 들어줄 수 있는 누군가에게 이야기해도 되지만, 글쓰기로 이 마음을 만나는 것도 좋은 방법입니다.

스스로에게 화가 나고 실망스러운 사건 하나를 떠올려보세요. "왜 그렇게 바보 같았을까", "창피해", "나 진짜 이상한 거 같아"라는 말이 절로 나오는 일이 있다면, 바로 그 이야기를 적으면 됩니다. 쓰다 보면 눈을 질끈 감아버리고 싶거나 가슴이 콩닥거리거나 한숨이 나올 수도 있습니다.

어떤 일이 있었는지 사건 중 관찰 가능한 모습만 기록해 보세요. 그리고 마치 '유체 이탈'을 하듯 타인에게 일어났던 사건처럼 바라봅니다. 내 잘못을 덮으려고 별일 아닌 것처럼 쓰거나, 반대로 과도하게 내 잘못을 부풀려 쓰지 않도록 조심하세요. 나를 비난했던 말은 쏙 빼버려도 괜찮습니다. J의 기록을 참고하여 나의 자책일기를 기록해 보세요.

❖ J의 자책일기 ❖

평소에 사고 싶었던 거실장이 있었는데 오랜만에 사이트에 들어가 봤더니 기간 한정 할인 중이었다. 재고가 별로 없다는 말에 급하게 결제했다. 오늘 거실장이 배송돼 와서 열심히 조립해서 설치했다. 그런데 거실 벽면보다 훨씬 긴 게 아닌가. 분명 사이즈를 확인했는데. 다시 판매 사이트를 확인하니 예전부터 사고 싶었던 거실장과 이미지는 비슷한데 사이즈는 다른 제품이었다. 급하게 사느라 미처 사이즈를 꼼꼼하게 다시 확인하지 못했던 거였다. 이미 조립을 해버린 뒤라 반품도 어렵고 처치 곤란해졌다.

❖ 나의 자책일기 ❖

_____

_____

_____

_____

_____

그때의 기분을 적어봅니다. 당시는 감정을 살필 여유가 없었을 것입니다. 감당하기 어려운 감정이라 마주 보기 힘들었을 수도 있고요. 이제라도 당시의 나로 돌아가서 감정을 물어봐 주세요. 화가 났는지, 억울했는지, 불안했는지를요. 감정의 강도를 1에서 10까지라고 놓고 볼 때, 당시 감정의 강도는 몇 점인지 적어보세요.

❖ **J의 감정과 강도** ❖

화가 남(8), 부끄러움(7)

❖ **나의 감정과 강도** ❖

> 당시 떠올랐던 생각을
> 같이 적어보세요.

화가 나거나 수치스러웠을 때 찾아온 생각이 있었을 겁니다. 거의 반사적으로 나를 향해서 어떤 비난의 말을 쏘아붙였을 것입니다. 마음속에서 나에게 뭐라고 말했나요? 가장 먼저 들린 메시지가 무엇인지 찾아보세요. 그리고 그 생각을 괄호에 넣고 '~라는 생각'이라는 꼬리표를 달아주세요.

❖ **J의 자동적 사고** ❖

〈멍청하게 돈 날렸네〉라는 생각
〈나 왜 이렇게 덜렁대지〉라는 생각
〈역시 나는 뭔가 하나씩은 꼭 빼먹어〉라는 생각

❖ **나의 자동적 사고** ❖

〈   〉라는 생각
〈   〉라는 생각

〈   〉라는 생각

    평소 나에 대해서 갖고 있던 생각 하나가 훅 튀어나왔을 겁니다. 이를 '자동적 사고 automatic thought'라고 부릅니다. 순식간에 머릿속을 스치고 지나가기 때문에 스스로 그런 생각을 했는지조차 잘 인식하지 못하지만, 우리 감정이나 행동에 강력한 영향을 미칩니다. 그러지 않아도 상황이 잘 풀리지 않아 고통스러운데, 이러한 생각 때문에 우리는 더욱 자신을 비난하며 무기력해집니다.

    생각에 휘둘리지 않기 위해서는 그 생각을 이해할 필요가 있습니다. 고요한 시간에 스스로에게 찬찬히 질문해 봅니다. 그 생각이 내게 어떤 것을 의미하나요? '나는 꼭 하나씩은 실수한다', '사람들이 나한테 실망했을 거야'와 같은 생각이 들 때, 나는 무엇이 두려워지나요?

    불시에 나를 찾아온 생각의 이면에는 '실수하면 사람들이 날 부담스러워할 거야', '다른 사람을 도와야 사람들이 날 좋아할 거야'와 같이 '~한다면'과 관련된 규칙이 있을 수 있습니다. 혹은 '사람들을 실망시키면 안 돼', '뭐든 완벽하게 해내야 해'와 같이 '해야 한다' 혹은 '하지 말아야 한다'는 당위가 있을 수도 있습니다. 이를 인지행동치료에서는 '중간신념'이라고 부릅니다. 곰곰이 따져보면 말이 되지 않는다는 것을 잘 알지만, 어찌할 수 없이 믿게 되는 생각입니다.

앞서 기록한 나의 생각은 '자동적 사고'에 해당할 것입니다. 이 생각이 나에게 어떤 것을 의미하는지, 그 생각이 사실일 때 내가 두려운 것이 무엇인지 기록해 보세요. 그리고 '그렇게 한다면 이렇게 될 것이다'와 같은 규칙이나 '해야 한다/하지 말아야 한다'와 같은 당위가 있는지도 살펴보세요.

❖ J의 중간신념 ❖

실수를 하면 무능한 사람이라는 뜻이다. 뭐든 실수 없이 완벽하게 해내야 한다.

❖ 나의 중간신념 ❖

**핵심신념을 알면,
욕구도 보입니다.**

조금 더 질문해 보면 가장 핵심적인 신념에 닿을 수 있습니다. 핵심신념은 나에 대한 오래되고 뿌리 깊은 믿음입니다. 평소에는 의식의 밑바닥에 가라앉아 있다가, 심한 스트레스나 긴장 상황에서 불쑥 떠올라 우리를 흔들곤 합니다. 핵심신념은 자칫 상황을 내 식대로 해석하게 해서 관계에서 갈등을 불러일으키거나 수치심 또는 불안을 느끼게 합니다.

핵심신념을 알아차리는 일은 쉽지 않을 수 있습니다. 한 가지 방법은 앞서 찾아보았던 '중간신념', 즉 규칙이나 당위에 대해 근본적인 질문을 해보는 것입니다. '그 믿음이 사실이라면, 나는 어떤 사람이라는 뜻인가?'라고 묻습니다. 예를 들어, '실수하면 사람들이 부담스러워할 거야'라는 중간신념에 대해 '내 실수로 사람들이 나를 부담스러워한다면, 그럼 나는 어떤 사람이라는 의미인가?'라고 질문하는 것입니다. 보통 '난 부적절한 사람이다', '나는 부족하다', '난 사랑스럽지 않다'와 같이 마음 깊이 숨겨져 있던 정체성이 불쑥 떠오릅니다. 생각만 해도 온몸에 힘이 들어가고 심장이 저릿해지는 문장입니다. 이것이 핵심신념입니다. 다른 사람들이 알게 될까 봐 두려웠던, 나에게조차도 들키고 싶지 않았던 내 모습입니다.

나의 중간신념을 떠올린 후 스스로에게 질문을 던져보세요. "그 믿음이 사실이라면, 나는 어떤 사람이라는 뜻인가요?" 질문을 던지고 잠시 기다렸다가 적어봅니다.

❖ J의 핵심신념 ❖

나는 부족한 사람이다.

❖ 나의 핵심신념 ❖

_____

_____

_____

_____

이러한 신념은 오래전부터 우리에게 있었을 것입니다. 이제 내가 기록한 핵심신념을 천천히 읽어봅니다. 나의 핵심신념, 가령 '나는 부적절한 사람이다'라거나 '나는 사랑스럽지 않은 사람이다'라는 생각이 예전에도 들었던 적이 있나요? 이 문장을 들었을 때 혹시 떠오르는 어릴 적 장면이 있나요? 내가 부족하거나 무능하다고 느껴 수치스러웠던 순간, 혹은 사랑스럽지 않다고 느꼈던 기억이 있다면, 그때의 감정과 상황을 조심스럽게 되짚어 봅니다. 만약 그 기억이 너무 고통스럽게 느껴진다면, 여기서 멈추고 마지막 단계로 넘어가도 괜찮습니다. 글로 옮길 수 있을 만큼 마주할 준비가 되었다면, 그때의 상황을 가능한 한 구체적으로 적어보세요.

❖ J의 자책일기(+핵심신념) ❖

초등학교 4학년 때였다. 왜 내가 그 자리에 앉아있었는지 기억나지 않지만, 수업이 끝난 뒤 교실 한편, 담임선생님 책상 옆에 내가 있었다. 선생님은 시험지를 채점하고 계셨고, 나는 그 옆에서 문제의 답을 불러드리고 있었다. 나는 틀리지 않으려고 잔뜩 긴장한 채 신경을 곤두세우며 숫자를 불렀다. 그런데 어느 순간, 선생님이 문제 수가 맞지 않다고 하셨다. 이상하다며 확인해 보시더니, 내가 하나씩 답을 미뤄서 부르고 있었다는 걸 알게 되셨다. 선생님은 화를 내지는 않으셨지만,

혀를 차시며 "다시 해야겠다"라고 말씀하셨다. 그 순간 눈앞이 하얘졌다. '이것 하나도 제대로 못하다니……' 그때도 '나는 역시 부족한 사람이야'라는 생각을 했던 것 같다.

> ❖ **나의 자책일기(+핵심신념)** ❖
>
> _____
> _____
> _____
> _____
> _____
> _____
> _____
> _____
> _____

이제 그때의 나에게 조용히 다가가 봅니다. 그 상황에 있었던 어린 나는 말은 하지 못했지만 분명 무언가를 바라고 있었을 것입니다. 나는 그 순간, 무엇을 원하고 있었을까요? 내가 정말로 필요로 했던 것은 무엇일까요? 혼나지 않기를 바랐던 걸까요? 실수하지 않고 잘해내고 싶었던 걸까요? 누군가가 "괜찮아, 잘하고 있어"라고 안심시켜 주고 인정해 주길 원했던 걸까요? 내가 그때 알아채지 못했던 욕구를 다시 들여다보고 표현해 보세요. 이는 지금의 나를 이해하고 돌보는 일이기도 합니다.

내가 당시 원했던 것이 무엇인지 선뜻 발견하기 어렵다면, 한국비폭력대화센터의 '욕구 목록'(96페이지 참고)을 활용하셔도 좋습니다. 당시 어린아이였던 나는 무엇이 필요했는지 하나씩 짚어가며 찾아주세요. 안전함, 인정, 지지와 같이 내가 바랐던 욕구를 써보세요.

❖ **나의 욕구 찾기** ❖

욕구를 알아주는
말을 들려주세요.

    가장 중요한 순서가 남았습니다. 어린 나에게 내가 찾은 욕구를 들려줍니다. 마음속으로 혹은 소리 내어 말해도 괜찮습니다. '너는 사랑받고 싶었던 거구나', '너는 안전함을 느끼고 싶었던 거구나', '너는 그저 네 생각을 표현하고 싶었던 거구나'라고요. 이렇게 구체적으로 욕구의 이름을 불러주면서 어린 나의 마음을 알아봐 주는 겁니다. 그것은 곧 지금의 나를 위로하는 것과 같습니다. 과거의 한심하고 못마땅해 보이는 나를 이해하고 받아들일 수 있을 때, 지금의 모난 모습에도 너그러워집니다.

    이제 가장 처음 쓴, 자책하게 된 순간의 에피소드로 돌아옵니다. 그 순간의 나도 분명 무언가를 바라고 있었을 겁니다. 나는 무엇을 원하고 있었나요? 내게 필요한 것은 무엇이었나요? 그리고 나에게도 들려주세요. '너는 그 상황에서도 정말 잘하고 싶었던 거구나', '너는 실수하지 않고, 괜찮은 사람이라는 인정을 받고 싶었던 거구나'와 같이 욕구를 알아주는 말들을요. 나에게 어떤 말을 해줄 수 있을까요? 떠오른 말들을 직접 적어보세요.

❖ **나의 욕구 다독이기** ❖

_____
_____
_____
_____
_____
_____
_____

그리고 오랫동안 이 핵심신념을 품고 힘겹게 살아온 나에게도 위로를 들려주면 좋겠습니다. '너는 너 자신이 부족하다고 생각하는구나, 많이 힘들었겠어.', '너는 네가 사랑스럽지 않다고 생각하는구나, 사람들 사이에서 얼마나 긴장했을까.' 안전하게 있고 싶거나 인정받고 싶은 만큼 그러지 못할까 봐 두려웠던 나를 알아봐 줍니다.

지금의 나는 더 이상 과거의 무력한 아이가 아닙니다. 나의 마음을 알아차리고 다독여 줄 수 있는 힘이 있다는 것을 기억하세요.

유난히 화가 나는 일은 좋은 글감입니다

어떤 상황에서 자꾸만 화가 나는 이유

다른 사람들은 잠깐 불쾌하고 넘길 수 있는 일인데 이상하게 화가 많이 나는 일이 있습니다. 버스를 잘못 탔거나 말실수를 했거나 아이에게 심한 말을 쏟아냈던 일을 곱씹으며 자신에게 성을 내기도 합니다. 친구가 약속을 어기거나 모임 시간이 갑자기 바뀌거나 정리되지 않은 아이의 방을 볼 때, 마음이 들끓기도 하고요. 왜 나는 어떤 상황에서 유난히 화가 많이 나는 걸까요.

J는 출근하면서 옆자리 동료에게 반갑게 인사를 건넸습니다. 하지만 동료는 J를 힐끗 쳐다보고도 아무런 대꾸도 없었습니다. 실은 며칠 전부터 자신을 바라보는 동료의 표정이 좋지 않다고 느끼고 있던 터였습니다. 괜히 알은체를 했다고 자책하면서도 억울하고 분한 마음을 견딜 수 없었습니다. 상대가 내 인사에 반응이 없을 때 누구나 무안하고 불쾌해질 수 있지만, J가 이 상황에서 유난히 화가 많이 나는 이유는 따로 있었습니다. 동료가 인사를 받지 않고 심드렁

한 표정을 지을 때, J의 마음속에서 어떤 신념이 건드려졌기 때문이 었습니다.

분노는 내 속에 있는 어떤 신념과 맞닿아 있을 때가 많습니다. J는 신념을 찾는 글을 쓰다가 '나는 누구와도 잘 지내야 한다'는 암묵적인 신념을 발견했습니다. 나는 모두와 잘 지내야 하는데, 동료와 '좋은' 관계를 맺지 못했다는 것을 감지하는 순간, 마음속에서 강한 사이렌이 울린 것입니다.

이러한 신념의 내용은 사람마다 다르지만, 잘 살펴보면 '공정해야 한다'거나 '실수하면 안 된다', '약속은 꼭 지켜야 한다'와 같이 '반드시 해야 한다'거나 '하면 안 된다'의 당위, 혹은 '상식'이라고 믿는 믿음과 관련이 있습니다. 막상 이를 직시해 보면, '항상 그래야만 하는 것은 아니지', '모두 늘 완벽할 수는 없지' 하며 그 믿음이 그다지 합리적이지 않다는 걸 인정하게 되기도 합니다. 하지만 의식하지 못하는 영역에서 우리는 이러한 신념을 완전한 진실처럼 믿고 있기 때문에, 영문을 모르는 분노가 요동치게 됩니다.

신념이 우리를 옭아맬 때

오래전 아이가 화가 잔뜩 나서 들고 있던 색연필을 바닥에 던지는 일이 있었습니다. 순간 눈을 동그랗게 뜨고 아이를 크게 나무랐습니다. 그러고도 분이 풀리지 않아 오랫동안 기분이 나쁜 채로 있없습니다. '왜 유독 그 상황에서 화가 많이 났던 걸까.' 잠들기 전 책상 앞에 앉아 노트를 펼쳐 들고 저 스스로에게 물었습니다. 아이가 자신의 감정을 잘 조절하지 못하는 사람으로 자랄까 봐, 하는 걱정이 먼저 펜에서 흘러나왔습니다. 하지만 내 욕구를 살피는 대목에 이르자, 당시 아이에게 존중받지 못했다는 좌절감이 크게 느껴졌습니다. 그 이면에는 '아무리 화가 나도 타인을 배려해야지' 하는 신념이 자리 잡고 있었습니다.

어떤 신념은 나의 고유한 경험과 연결되어 있기도 합니다. 어린 시절 내게 강한 감정을 남긴 사건이라거나 누군가 반복해서 해준 이야기가 내 신념이 되기도 합니다. '남보다 뒤처지면 안 된다', '시간을 낭비하면 안 된다'와 같이 부모님이 거듭 들려준 이야기가 내게 절대적인 진실처럼 남기도 하고, 잘못이나 실수를 했을 때 부모가 실망하는 모습이 괴로웠던 사람이 '무엇이든 잘해야 한다'는 신념을, 따돌림이라는 큰 상처가 있었던 사람이 '사람들을 부담스럽게 하면 안 된다'와 같은 신념을 갖게 되기도 합니다. 이럴 때 신념은 다시는 같은 아픔을 겪지 않기 위해 절박하게 붙든 보호 장치와 같습니다.

나의 신념을 찾았다면, 신념의 기원까지 찾아보는 글쓰기도 이어가 보세요. 그 신념이 내게 왜 그토록 중요했는지를 이해하게 되면, 오히려 신념이 나를 지배하던 힘은 자연스레 약해집니다. 내게 배려가 중요했던 이유는 '친절해야 한다'는 어른들의 훈계도 있었지만, 어떤 기억 때문이기도 했습니다. 신념과 관련된 과거 경험에 대한 글을 쓰다가 타인에게 함부로 대하는 사람과 함께 있었을 때의 공포스러웠던 기억에 다다랐습니다. 어린 나에겐 타인을 배려하지 않는 것이 곧 위험한 일로 여겨졌고, 안전을 위해서는 꼭 타인을 배려해야 한다는 암묵적 믿음이 생겨버린 것이었습니다.

글을 쓸 때마다 매번 깨달음을 얻거나 관점이 바뀌는 것은 아니지만, 꾸준히 써 내려가다 보면 문득 예상치 못한 지점에서 자신의 새로운 모습을 만날 때가 있습니다. 그런 순간은 주로 관련된 기억을 마구잡이로 적어 내려가거나 '나는 왜 그럴까'라고 묻는 질문 끝에 찾아옵니다.

예전에는 전혀 생각해 보지 못했던 부분이었습니다. '아무리 화가 나도 타인을 배려해야 한다'는 당위가 실은 나에게도 강력하게 작용하고 있었습니다. 타인을 배려해야 한다는 생각에 싫어도 거절하지 못하거나 화가 나도 꾹 참고 마지못해 양보했던 일들이 떠올랐습니다. 배려해야 한다는 신념으로 자주 경직된 틀에 내 행동을 구겨 넣고 있었습니다.

신념이 괴로운 이유는 경직성 때문입니다. 타인을 배려하고 사람들과 좋은 관계를 맺는 것, 일을 완벽하게 해내는 것은 그 자체로 긍정적인 기능을 할 때가 많지만, 어떤 상황에서도 나와 타인이 꼭 따라야 하는 원칙처럼 붙들게 되면 고통의 근원이 되기도 합니다.

'해야 한다'를 '하고 싶다'로 바꾸기

자신도 이해하지 못할 만큼 화가 난다면, 그 아래에 어떤 신념이 자리하고 있는지 자신에게 물어봐 주면 좋겠습니다. 그 신념은 결국 내게 중요한 것을 말하고 있습니다. 바로 나의 '욕구'입니다. '해야 한다'를 '하고 싶다'로 관점을 바꾸면, 내가 무엇을 바라는지 보입니다. '사람은 타인을 배려해야 한다' 대신 '배려하고 싶다' 혹은 '배려 받고 싶다'로, '누구와도 잘 지내야 한다'가 아니라 '상대와 잘 지내고 싶다'로, '모든 일을 잘해내야 한다' 대신 '이 일을 잘해내고 싶다'로 바꿔 써봅니다.

신념을 바람으로 바꾸어볼 때, 옳고 그름을 따지느라 팽팽했던 마음이 조금 느슨해집니다. '존중', '공정함', '성취'와 같은 나의 필요를 응시하는 다정한 시선도 덤으로 얻습니다. 무엇보다 타인이나 자신을 비난하느라 소모했던 에너지를 이제는 보다 중요한 고민을 위해 사용할 수 있습니다. 즉 나의 필요를 어떻게 채울 것인지, 내가 가치 있게 여기는 것이 무엇인지, 그것을 어떻게 실현해 갈 것인지와 같은 질문에 더 집중할 수 있습니다.

있는 그대로의
나를 보듬고
싶을 때

자
기
자
비

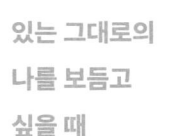

글쓰기

> **나에게도
> 자비가 필요합니다.**

자신에게 화가 날 때 해볼 수 있는 다른 방법이 있습니다. 먼저 '자기자비'를 소개할게요. 자비는 고통받는 사람을 아끼고 가엾게 여긴다는 의미입니다. 누군가가 행복하기를 바라며(자, 慈), 고통에 공감하고 돕고자 하는 마음(비, 悲)입니다.[29] 이 자비의 대상에는 타인뿐 아니라 자기 자신도 포함됩니다.

자기자비는 최근 심리치료에 활용되기 시작하였고, 특히 스스로를 비난하거나 수치심을 느낄 때 자기자비 치료가 효과가 있는 것으로 증명되었습니다. 자기자비 치료의 핵심 요소는 다음과 같습니다. 우선, 자신이 고통스러운 상태라는 것을 인정하고 감정을 그대로 받아들입니다. 둘째, 이러한 자신을 비난하지 않고 친절하게 대합니다. 셋째, 이 고통이 나뿐 아니라 인간이라면 누구에게나 있다는 보편성을 인식하는 것입니다.

나는 뭐든 잘해내는 사람이면 좋겠지만, 사람은 항상 그럴 수 없습니다. 때로는 해야 할 일을 놓치고, 실수로 공들여 놓은 탑을 무너뜨리고, 타인을 실망시킵니다. 그럴 때 우리는 보통 스스로를 비난하는 모드로 빠지기 쉽습니다. '너무 예민해', '바보 같았어', '나는 역시 안 돼'와 같은 메시지가 자동으로 떠오릅니다. 이러한 비난의 말에 마음은 금세 딱딱하게 굳어버리고 결국 무거운 수치심에 짓눌리게 됩니다.

그럴 때 자기자비를 활용해서 마음의 방향을 바꿔줄 수 있습니다. 자기자비와 자기비난은 정반대의 속성을 가지고 있습니다. 자기비난은 불필요한 수치심과 불안을 키우고, 문제를 피하게 만들어서 오히려 마음이 회복하는 속도를 늦춥니다. 반면 자기자비 모드에서는 심리적으로 안전하다는 느낌을 받기 때문에 문제를 피하기보다 차분히 직시하고 해결하려는 용기가 생깁니다. 연구자들은 자기자비의 태도로 자신의 잘못을 바라볼 때, 수치심과 고립감, 우울, 분노와 같은 감정에 덜 압도되며, 스트레스 회복이 빠르고, 삶의 만족도도 높아진다고 말합니다.[30]

자기자비는 연습을 통해서 길러질 수 있는데, 그중 '자기자비 글쓰기'는 여러 자기자비 치료 프로그램에서 활용하는 방법입니다.[31] 국내에서도 자기자비 글쓰기의 효과를 입증한 연구들이 늘고 있습니다.[32] 연구자들이 제안한 자기자비 글쓰기 방식을 바탕으로, 구체적인 작성법을 소개하고자 합니다. 다음 순서에 따라 적어보세요.

최근 나에게 화가 났던 상황을 적어봅시다. 엄청난 실수를 했거나, 누군가에게 거절당했거나, 애썼지만 실패한 일 등 수치심을 느꼈던 상황을 떠올려보세요. 그때 어떤 일이 있었나요? 그때 내가 느낀 감정은 무엇이었나요? 그 상황에서 스스로에게 어떤 말을 했나요?

판단하거나 비난하지 않고, 과장하지도 않고 최대한 있는 그대로 적어주세요.

❖ 자기자비 글쓰기 예시 ❖

상황: 오늘은 오래전부터 가고 싶어 했던 A회사 마케팅팀 직무 면접이 있던 날이었다. 몇 번 서류에서 떨어지다가 이번에 겨우 붙어 면접까지 갈 수 있었다. 면접장 안은 조용했고, 긴 테이블 건너편에 면접관 세 분이 앉아있었다. 가운데에 앉은 분이 내게 앉으라고 손짓했다. 앉자마자 심장이 빠르게 뛰기 시작했다. 면접관 한 분이 "자기소개부터 해주시겠어요?"라고 말했는데, 오늘 아침까지 수십 번 연습한 답변이 생각나지 않았다. 중간에 갑자기 말이 막혔는데, 그때부터 말이 더 잘 안 이어졌다. 그 이후에도 계속 목소리가 떨렸고, 어떤 질문에는 관련 없는 답변을 하는 바람에 면접관이 다시 질문을

반복해야 했다. 면접이 끝나고 서둘러 나왔다.

감정 : 부끄러움, 실망, 죄책감

나에게 했던 말(떠오른 생각) : 면접관이 형편없는 사람이 지원했다고 생각했겠지. 어떻게 얻은 기회인데, 진짜 바보 같다. 왜 난 중요한 순간마다 이런 식으로 망쳐버릴까.

❖ 자기자비 글쓰기 ❖

상황 :

감정 :

나에게 했던 말(떠오른 생각) :

> ## 고통스러운 감정을
> 인정해 주세요.

    우선 지금 고통스러운 마음을 있는 그대로 알아주는 말을 해 보세요. '잘될 거야'라거나 '별일 아니야', '너라면 할 수 있어'와 같이 상황을 마냥 긍정적으로 보는 말은 현재의 고통이나 감정을 건너뛰어 버립니다. 대신, '지금 정말 괴롭고 힘들겠다', '이렇게 속상한 게 당연하지', '지금 이 상황에서 화가 나는 마음은 자연스러워'와 같이 고통스러운 감정을 인정해 주는 말을 써줍니다.

    이해할 수 없는 행동도 그대로 받아들여 주세요. 이때 '누구라도', '사람이라면', '당연하다'와 같은 단어는 유용합니다. 회의 중 갑작스러운 질문에 횡설수설 답한 경우, '예상하지 못한 질문에 당황하는 건 당연해' 혹은 '생각할 시간이 부족했으니 당연히 말이 꼬일 수밖에 없지'라고 써줄 수 있고, 마감일을 착각해서 신청 기한을 놓친 경우, '사람은 누구나 실수를 해'라고 쓸 수 있습니다.

    내가 그런 행동을 했던 것도, 그런 감정을 느꼈던 것도 다 나름의 이유가 있습니다. 그 이유를 찾아줄 수 있다면 더 좋습니다. 예를 들어, '고작 이런 일로 화가 나다니'보다는 '네가 그 친구를 믿었으니 당연히 화가 나지'라고 내 기대를 알아봐 주고, '또 늦잠을 자다니 너무 게을러'보다는 '어제 출장을 다녀왔으니 당연히 피곤할 수밖에'라고 상황적 배경을 이해해 주는 것입니다. 이는 실수나 잘못을 합리화하려는 게 아닙니다. 그보다는 그 행동 뒤에 있는 맥락과 욕구를 살펴보려는 것입니다. 자신을 그렇게 이해하고 온전히 받아들이기 시작할 때, 우리는 비로소 스스로를 변화시킬 힘을 얻게 됩니다.

이유를 찾지 못했더라도, 나를 옹호해 줄 수 있습니다. '왜 이렇게 과민 반응했지?' 대신 '그만큼 너에게 중요한 문제였겠지'라고 편을 들어주세요. '네가 오죽했으면 그랬겠어', '그럴만하니까 그렇게 행동했던 거야'라고 그때의 감정과 행동에 그만한 이유가 있었다는 것을 알아줍니다. 이렇게 글을 쓰다 보면, 비난으로 치우쳤던 시선이 조금씩 균형을 찾아갈 수 있습니다.

앞서 소개한 지침을 지금 나의 상황에 하나씩 적용해 보세요. 내가 아끼는 친구가 나와 같은 일을 겪었다고 상상하고, 그 친구에게 말하듯 써보세요.

❖ 자기자비 글쓰기 예시 ❖

오늘 정말 속상했겠다. 예전부터 가고 싶어 했던 회사였고 겨우 면접까지 왔는데, 그 자리에서 말이 제대로 안 나오고 열심히 준비한 것도 보여주지 못했으니 얼마나 답답하고 실망스러웠을까. 그런 상황에서 스스로가 부끄럽고 자책하게 되는 건 당연해. 누구든 그렇게 중요한 자리에 가면 긴장하지. 평소에는 그러지 않던 네가 목소리도 떨리고 말이 막혔던 건, 그만큼 이 자리가 너한테 중요하고 간절했기 때문일 거야. 사람은 원래 긴장이 심해지면 말도 잘 생각이 안 나고 평소처럼 행동하는 게 어려워지잖아. 그런 상황에서는 누구라도 당황할 수밖에.

❖ 자기자비 글쓰기 ❖

내게 일어난 일은 누군가에게도 똑같이 일어날 수 있는 일입니다. 일이든 관계든, 누구에게나 서툰 부분은 있고, 실수할 때가 있습니다. 우리는 자주 외로움이나 우울, 불안감에 시달립니다. 나 역시 그런 고통을 겪는 수많은 사람들 중 하나일 뿐입니다. 이제 타인으로 시선을 돌려봅니다. 지금 이 순간에도, 나와 같은 어려움을 겪고 있는 사람이 있을 것입니다. 그 사람은 이 상황을 어떤 식으로 경험하고 또 대처하고 있을까요.

❖ **자기자비 글쓰기 예시** ❖

나처럼 면접에서 실수를 하고 후회하는 사람들이 있겠지. 검색해 보니 면접관 질문에 당황해서 답을 제대로 못 했거나 횡설수설해서 면접 망했다는 사람들이 제법 많았다. 그 사람들도 나처럼 실망해서 우울해하고 또 그렇게밖에 하지 못한 자신을 탓하고 있을 거 같다. 친구와 맛있는 걸 먹으러 가거나, 아니면 혼자 유튜브 보고 잠을 푹 자면서 기분을 달래는 사람도 있겠지. 어떤 사람들은 다른 면접자들을 위해서 면접 실수담을 블로그에 올리기도 했다.

❖ **자기자비 글쓰기** ❖

_____
_____
_____
_____
_____
_____
_____

글쓰기를 마친 후, 자신과 이 사건을 바라보는 태도나 감정에 어떤 변화가 있었는지 천천히 돌아보세요. 달라진 점이 있다면 무엇인지, 그 변화가 어떤 의미로 다가오는지도 함께 생각해 보면 좋습니다.

❖ **자기자비 글쓰기 그 이후** ❖

_____

우리는 모두 불완전한 존재입니다. 미숙하게 대처하고, 어리석은 실수를 하고, 잘못된 판단을 내립니다. 수시로 고통을 겪고, 마음은 자주 흔들립니다. 그래서 우리는 혼자 괴롭지 않도록 타인과 연결되어 있는지 모릅니다. 지금 당장 보이지 않더라도, 나와 비슷한 고통을 겪고 있는 사람들, 그래서 나를 이해할 수 있는 사람들이 어딘가에 항상 있다는 사실을 기억하세요. 그 사람들을 상상하며 나와 그들을 함께 위로하는 글을 써보시길 바랍니다.

미주

1. Valerie L. Jentsch, Oliver T. Wolf. (2020). The impact of emotion regulation on cardiovascular, neuroendocrine and psychological stress responses. Biological Psychology, 154.

2. Baikie, Karen A., & Kay Wilhelm. (2005). 'Emotional and Physical Health Benefits of Expressive Writing', Advances in Psychiatric Treatment, 11(5), 338-346.

3. 제임스 W. 페니베이커, 존 F. 에반스, 이봉희 옮김, 표현적 글쓰기, 2017, 엑스북스.

4. Cullen, K., Murphy, M., Di Blasi, Z., & Bryant, F. B. (2024). The effectiveness of savouring interventions on well-being in adult clinical populations: A protocol for a systematic review. PloS one, 19(4), e0302014.

5. 리사 펠드먼 배럿, 최호영 옮김, 《감정은 어떻게 만들어지는가》, 생각연구소, 2017.

6. Constantinou, E., Van Den Houte, M., Bogaerts, K., Van Diest, I., & Van den Bergh, O. (2014). Can words heal? Using affect labeling to reduce the effects of unpleasant cues on symptom reporting. Frontiers in Psychology, 5, 807.

7   Niles, A. N., Craske, M. G., Lieberman, M. D., & Hur, C. (2015). Affect labeling enhances exposure effectiveness for public speaking anxiety. Behaviour research and therapy, 68, 27–36.

8   Lieberman, M. D., Eisenberger, N. I., Crockett, M. J., Tom, S. M., Pfeifer, J. H., & Way, B. M. (2007). Putting feelings into words: affect labeling disrupts amygdala activity in response to affective stimuli. Psychological Science, 18(5), 421–428.

9   Shapiro, S. L., Carlson, L. E., Astin, J. A., & Freedman, B. (2006). Mechanisms of mindfulness. Journal of Clinical Psychology, 62(3), 373–386.

10 Murray, E.J., Segal, D.L. (1994). Emotional processing in vocal and written expression of feelings about traumatic experiences. Journal of Trauma Stress, 7, 391–405.

11 Brett J. Peters, Nickola C. Overall, Jeremy P. Jamieson (2014) Physiological and cognitive consequences of suppressing and expressing emotion in dyadic interactions. International Journal of Psychophysiology, 94(1), 100-107.; Jainish Patel, Prittesh Patel (2019) Consequences of Repression of Emotion: Physical Health, Mental Health and General Well Being. International Journal of Psychotherapy Practice and Research, 1(3), 16-21.

12 Ford, B. Q., Lam, P., John, O. P., & Mauss, I. B. (2018). The psychological health benefits of accepting negative emotions and thoughts: Laboratory, diary, and longitudinal evidence. Journal of

Personality and Social Psychology, 115(6), 1075–1092.

13   마셜 B. 로젠버그, 캐서린 한 옮김,《비폭력대화》, 한국NVC센터, 2017.

14   마크 브래킷, 임지연 옮김,《감정의 발견》, 북라이프, 2020.

15   Wegner, D. M., Schneider, D. J., Carter, S. R., 3rd, &White, T. L. (1987). Paradoxical effects of thought suppression. Journal of Personality and Social Psychology, 53(1), 5–13.

16   Munzert, J., Zentgraf, K., Stark, R., & Vaitl, D. (2008). Neural activation in cognitive motor processes: comparing motor imagery and observation of gymnastic movements. Experimental Brain Research, 188(3), 437–444. ; Reddan, M. C., Wager, T. D., & Schiller, D. (2018). Attenuating Neural Threat Expression with Imagination. Neuron, 100(4), 994–1005.

17   Cuijpers, P., Karyotaki, E., Harrer, M., & Stikkelbroek, Y. (2023). Individual behavioral activation in the treatment of depression: A meta analysis. Psychotherapy Research, 33(7), 886–897.

18   Kirca, A., M. Malouff, J. & Meynadier, J. (2023). The Effect of Expressed Gratitude Interventions on Psychological Wellbeing: A Meta-Analysis of Randomised Controlled Studies. International Journal of Applied Positive Psychology. 8, 63–86.

19   앨릭스 코브, 정지인 옮김,《우울할 땐 뇌 과학: 최신 뇌과학과 신경생물학은 우울증을 어떻게 해결하는가》, 심심, 2018.

20   Emmons, R. A., & McCullough, M. E. (2003). Counting blessings versus burdens: an experimental investigation of gratitude and subjective

well-being in daily life. Journal of Personality and Social Psychology, 84(2), 377–389.

21 Mariën S., Poels K. & Vandebosch H. (2022). Think Positive, be Positive: Expressive Writing Changes Young People's Emotional Reactions Towards the COVID-19 Pandemic. Frontiers in Education, 6.

22 Kroener, J., Hack, L., Mayer, B., & Sosic-Vasic, Z. (2023). Imagery rescripting as a short intervention for symptoms associated with mental images in clinical disorders: A systematic review and meta-analysis. Journal of Psychiatric Research, 166, 49–60.

23 McAdams, D. P. (2001). The Psychology of Life Stories. Review of General Psychology, 5(2), 100-122.

24 김정규, 《게슈탈트 심리치료》, 학지사, 2015.

25 이봉희, 〈문학 치료에서 활용되는 글쓰기의 치유적 힘에 대한 고찰과 문학 치료 사례〉, 《교양교육연구》, 8(1), 2014, 281-310.

26 캐슬린 애덤스, 강은주, 이봉희 옮김, 《저널 치료》, 학지사, 2006.

27 신영원, 현명호, 〈표현적 글쓰기 치료가 암환자 가족원의 돌봄 부담감과 심리적 안녕감에 미치는 영향〉, 《한국심리학회지: 건강》, 19(3), 2014, 655-677.; 이은정, 조성호, 〈심리적 상처 경험에 대한 글쓰기 고백의 효과〉, 《한국심리학회지: 상담 및 심리치료》, 12(2), 2000, 205-220.; 제임스 W. 페니베이커, 존 F. 에반스, 이봉희 옮김, 《표현적 글쓰기》, 엑스북스, 2017.

28 Christopher Germer & Kristin Neff, 서광 외 공역, 《전문가를 위한 마

음챙김 자기연민 가이드북》, 학지사, 2023.

29 김정호, 〈자비 관련 용어와 개념에 대한 고찰〉, 《한국명상학회지》, 13(1), 2023, 65-91.

30 Yip, V. T., & Tong M. W., E. (2021). Self-compassion and attention: Self-compassion facilitates disengagement from negative stimuli. The Journal of Positive Psychology, 16(5), 593–609.; Zessin, U., Dickhäuser, O., & Garbade, S. (2015). The Relationship Between Self-Compassion and Well-Being: A Meta-Analysis. Applied psychology. Health and Well-being, 7(3), 340–364.

31 마크 리어리(Mark R. Leary) 심리학 교수팀은 참가자를 세 그룹으로 나누어 글쓰기 실험을 했습니다. 한 그룹은 단순히 부정적인 사건에 대해 글쓰기를 하였고, 자존감 유도 그룹에서는 참가자들에게 자신의 긍정적인 특성과 함께 사건이 전적으로 자신의 탓은 아니라는 등의 내용을 쓰게 했습니다. 자기자비 유도 그룹은 부정적 감정을 있는 그대로 묘사하고 친절한 관점으로 바라보며, 다른 사람들도 비슷한 경험을 한다는 것을 기록하게 했습니다. 그 결과, 자기자비 글쓰기 집단은 고통스러운 상황에서 자신을 더 잘 받아들이고 부정적인 감정을 덜 경험하는 것으로 나타났습니다. (참고: Leary, M. R., Tate, E. B., Adams, C. E., Allen, A. B., & Hancock, J. (2007). Self-compassion and reactions to unpleasant self-relevant events: the implications of treating oneself kindly. Journal of Personality and Social Psychology, 92(5), 887–904.)

32 권희진, 권호인, 〈비자살적 자해 경험이 있는 성인을 대상으로 한 자기자비 글쓰기의 효과〉, 《인지행동치료》, 24(1), 2024, 19-41.; 김유진, 장문선, 〈자기자비 글쓰기가 우울한 대학생의 반추와 정서 조절에 미치

는 영향〉,《한국심리학회지: 건강》, 21(2), 2016, 299-316.; 방민선, 장한소리, 〈아동기 정서적 외상과 내면화된 수치심이 성인기 우울에 미치는 영향: 자기자비의 조절된 매개효과〉,《한국심리학회지: 상담 및 심리치료》 35(3), 2023, 1079-1099.

감정 글쓰기

초판 1쇄 인쇄 2025년 7월 19일
초판 1쇄 발행 2025년 7월 26일

지은이	이지안
펴낸이	한선화
기획편집	이미아
디자인	정정은
홍보	김혜진
마케팅	김수진

펴낸곳	앤의서재
출판등록	제2022-000055호
주소	서울 서대문구 연희로11가길 39, 4층
이메일	annesstudyroom@naver.com
인스타그램	@annes.library

ISBN   979-11-94877-02-8   03800

- 이 책은 저작권법에 따라 보호받는 저작물이므로 무단 전제와 복제를 금합니다.
- 책값은 뒤표지에 있습니다.
- 파본은 구입하신 서점에서 바꾸어드립니다.